Guide

Paris-Enghien

1913

LIQUEUR

BÉNÉDICTINE

HOTEL DE VILLE D'ENGHIEN.

CHAUSSURES C. J. PHILIP'S

:: CHAUSSURES FRANÇAISES, ANGLAISES ::
CHAUSSURES AMÉRICAINES — ACCESSOIRES

C. J. PHILIP'S *55, Avenue des Champs-Elysées*
PARIS

QUATRIÈME ANNÉE

🍃 **1913** 🍃

GUIDE

PARIS-ENGHIEN

PRIX : 2 Francs.

Photogr. Henri-Manuel

ÉDITIONS
— de la —
REVUE DE LA VIE MONDAINE
F. et P. HIRSCHLER Directeurs. ✠
46, Rue de Londres, 46
—— PARIS ——
Téléphone : 208 - 47

PROMENADE MAURICE BARTEAUX

AVANT-PROPOS

« J'oubliais de vous dire qu'il y a des patentes pour donner à la terre et à la vallée de Montmorency le nom d'Enghien, annonce Mme de Sévigné à Bussy-Rabutin en 1688. Ainsi le fils de M. de Luxembourg, nommé comme vous savez le prince de Tingry va s'appeler le duc de Montmorency. Mme de Meckelbourg, la première et moi, ensuite nous ne pouvons souffrir ce changement. Il faudra donc dire des cerises d'Enghien au lieu des cerises de Montmorency? Une bonne nourrice de la vallée d'Enghien? Je ne m'y saurais accoutumer, mon cousin. »

Il faudra donc dire les eaux d'Enghien ? semble avoir oublié Mme de Sévigné ; mais elle n'a pu oublier ce qu'elle ne connaissait pas. A vrai dire, la Révolution étouffa dans l'œuf une réputation embryonnaire, un titre lent à s'établir et qui allait remplir le monde de son nom. Pas plus que Mme de Sévigné, Voltaire, qui ne consacra, dans toute son œuvre immense, qu'un bref article aux bienfaits des eaux minérales, ne s'occupe d'Enghien et c'est en vain qu'on cherche dans la Correspondance de Grimme et d'Alembert une trace, un mot, un nom, qui prouvent qu'Enghien jouissait alors d'un succès sinon supérieur au moins égal à celui qui l'environne aujourd'hui. « En général, décide Diderot, les eaux sont le dernier conseil de la médecine poussée à bout. On compte plus sur le voyage que sur le remède », et le patriarche de Ferney ajoute que « les voyages des eaux ont été inventés par des femmes qui s'ennuyaient chez elles »; triste conclusion d'un siècle sceptique plus par système que par raison ; du reste d'Alembert devait, par une vengeance occulte des eaux de Saint-Mion dédaignées, terminer ses jours dans les souffrances de la pierre qui le poursuivirent jusqu'à ses derniers instants.

Mais la cause réelle qui faisait tout ce monde du xviiie siècle, frivole en dépit des apparences, dédaigneux de la cure thermale, était la distance considérable que la lenteur et la difficulté des communications mettaient entre le malade et la source libératrice. C'est bien à nous, modernes abreuvés de comfort, de pester contre l'administration négligente lorsque la vitre du wagon se trouve brisée au risque de nous infliger une fluxion de poitrine, de réclamer pour un colis égaré avec plus de cris et de pleurs que nous n'en exhalerons jamais à la mort d'une épouse. Mieux vaudrait comparer le capiton qui nous ouate avec les incommodes transports du temps jadis : D'abord, la rubrique quasi obligatoire s'étalant après le nom du messager : « Arrive et part quand il peut », puis le véhicule cahotant, de forme apocalyptique, étroit, dur ; enfin la lenteur terrible des percherons qui ne pouvaient, en dépit du meilleur vouloir, se transformer en chevaux-vapeur avant la date. Ajoutez que, les hommes d'alors étant infiniment plus sociables qu'aujourd'hui, l'entassement des voyageurs engendrait la plus fâcheuse promiscuité. « Etre sans cesse persécuté par une plaideuse qui ne parle que de ses procès, par une jeune provinciale qui n'a jamais vu Paris, qui ne songe qu'aux ajustements qu'elle s'y donnera et qui, avec un langage affecté, vous fait cent questions impertinentes..., qui s'imagine au moindre cachot que le carosse va verser et qui pousse des cris à rendre les gens sourds ; sans compter cette bonne dame qui, à son âge, ne peut retenir son eau et qui sans cesse fait arrêter le carosse pour rendre des tributs à la nature... » tel est le plaisant tableau tracé par le vaudevilliste Jean de la Chapelle, avec une bonne humeur que l'éloignement nous fait paraître parfaitement justifiée. Il reste à savoir si cette gaieté de bonne aloi n'aurait pas été considérablement modifiée par un séjour de dix heures dans cette « formidable machine dont les fermiers n'ont pas laissé de trouver le mouvement perpétuel ; car ni leur corbillard terrible, ni les malheureux condamnés à la roue qu'il renferme, n'ont pas un moment de repos pendant tout le voyage » (Palaprat).

Pour achever de peindre l'infortuné voyageur en proie à

cette accumulation d'infortunes, les rôdeurs de grand chemin ne se faisaient pas faute d'attaquer la diligence
accomplissant un exploit dont le secret n'est pas encore
perdu puisque pareil coup de force fut accompli en plein
jour par ceux que les journaux se sont plu à baptiser, dans
leur jargon grandiloquent : « La Bande Tragique ».

En dépit des apparences, il est invraisemblable qu'en
décembre 1700 (sans doute neigeait-il très fort ce jour-là),
la malle du courrier de Tours fut dévalisée au bout du
Pont-Neuf ! Si pareilles éventualités advenaient dans Paris
même, qu'était-ce donc à deux lieues de là ? Zuze un peu !
dirait Marius. Voilà pourquoi les sains pas plus que les
malades, n'éprouvaient le désir très véhément d'aller cher-
cher la santé en des pérégrinations où l'on trouvait la mort,
bien que certains esprits facétieux prétendent qu'elle seule
soit en mesure de nous assurer la fin de nos misères
physiques.

En mai 1652, le coche de Senlis ayant été arrêté par des
voleurs, les sept voyageurs qu'il renfermait furent tués
dans cette escarmouche et si l'on m'objecte que les accidents
de chemin de fer suppriment plus de monde en moins de
temps, il restera toujours l'instantanéité des procédés ac-
tuels qui l'emportent haut la main sur les massacres labo-
rieux du temps jadis.

PARIS A BEAUMONT ET CREIL, PAR PONTOISE ET PAR MÉRY-VALMONDOIS

Pour le service entre Paris, Épinay, Enghien et Ermont, voir, en outre, page 14.

DIST.	STATIONS	601	701	703	603	705	605	707	607	709	415	689	711	611	713	615	717	617
		■-0-■	■-0	■	■-0-■	■	■	■	■-0-■	■-0		■-0-■	■-0-■	■-0-■	■	■	■	■
	Paris (BH)........dép.	5 10	5 35	7 "	7 30	8 "	8 30	9 "	9 30	10 "		10 30	11 "	11 30	12 "	13 "	14 "	14 30
	St-Denis (12,14,26,34).....	5 20																
	Épinay-Villetaneuse.....	5 25																
	La Barre-Ormesse (P.A...				7 42			9 12	9 42	10 12		10 42	11 12	11 42	12 12	13 42	14 12	14 42
	Enghien (14)........(P.A	5 31	5 48	7 13			8 43		9 46	10 16		10 46	11 16	11 46	12 16	13 46	14 16	14 46
	Ch. de G─d'Engh.(P.A																	
	Ermont-Eaubonne.....	5 35	5 52	7 17	7 46	8 17	8 47	9 16										
	(14,34)																	
8	Ermont-Eaubonne..dép.			7 19		8 18		9 17	9 48	10 18		10 47	11 "	11 50	12 19	13 47	14 17	14 47
	Ermont (halte).....		5 54	7 22		8 21		9 20	9 51	10 21		10 51	11 7	11 55	12 22	13 51	14 44	14 51
	Gr-Noyer-St-P.(PA		5 57	7 24		8 23		9 22	9 55	10 23		10 55	11 14	12 7	12 24	13 55	14 55	14 56
	St-Leu (S.-et-Oise)		6 "	7 27		8 30		9 25	10 6	10 30		11 7	11 18	12 14	12 30	14 7	15 3	15 16
	Vaucelles (P.A.)...		6 9	7 35		8 33		9 30	10 16	10 37		11 14	11 23	12 20	12 36	14 14	15 16	15 26
	Taverny.....		6 16	7 38		8 35		9 33	10 24	10 41		11 21	11 35	12 25	12 40	14 22	15 30	15 32
	Besançourt.....			7 42		8 40		9 38	10 27	10 44		11 24		12 28	12 43	14 24	15 30	15 41
	Frépillon (P. A.)...		6 28	7 49		8 47		9 41	10 32	10 48		11 27	11 45	12 35	12 47	14 39	15 30	15 46
	Méry.....		6 33	7 53		8 51		9 47	10 42	10 52		11 31	11 49	12 39	12 51	14 51	15 16	15 50
	Mériel.....		6 36	7 56		8 54		9 51	10 52	10 55		11 36	11 52	12 44	12 54	14 54	15 30	15 54
	Valmondois.....							9 54	11 11			11 41	12 12	12 58				
												11 47						
												11 57						

A titre d'essai et jusqu'à nouvel avis entre Pontoise et Persan-Beaumont.

Du 15 avril au 15 décembre inclus à titre d'essai.

Entre Persan-Beaumont et Creil du 16 décembre au 14 avril inclus.

De Montsoult.

DIST.	STATIONS																	
	Ermont-Eaubonne..dép.	5 37	6 23	6 38		8 13	8 48		9 55	10 56			11 31	12 34	12 35	14 32	15 42	14 47
	Cernay (P. A.).....		6 28	6 45		8 17	8 52		10 6				11 36	12 39	12 37	14 37	15 45	14 51
	Franconville-Plessis-B..	5 43	6 33	6 51		8 21	8 56		10 10				11 41	12 44	13 10	14 42	15 48	14 56
	Montigny-Beauchamp.....	5 55	6 41	6 55		8 23			10 16				11 47	12 49	13 14	14 48	15 3	15
	Pierrelaye.....	6 10				8 30			10 24				11 52					
	St-Ouen-l'Aumône.....	6 12	6 51	7 6		8 33			10 27				11 57			14 24	15 16	15 16
	Pontoise.....	6 16	6 55	7 12		8 36			10 30									
	Épluches.....			7 18		8 41			10 32									
	Pont-Petit (P. A.).....			7 23		8 47			10 42									
	Chaponval (P. A.).....			7 30 ...		8 54			10 52									
	Auvers-sur-Oise.....	6 23																
	Isle-Adam-Parmain.....	6 28																
	Valmondois.....	6 33																
	Champagne (halte).....																	
	Persan-Beaum.(arr.dép)	6 41																
	Bruyères.....																	
	Boran.....																	
	Précy.....																	
	St-Leu-d'Esserent.....																	
	Creil (B) (25, 34) arr.																	

PARIS A BEAUMONT ET CREIL, PAR PONTOISE ET PAR MÉRY-VALMONDOIS (suite)

Pour le service entre Paris, Epinay, Enghien et Ermont, voir, en outre, page 14. — Voir les notes page 18.

STATIONS																						
Paris (BH).......dép.																						
St-Denis																						
Epinay-Villetaneuse																						
La Barre-Ormes.(PA																						
Enghien																						
Ch.de Cᵐⁱ d'Engh.(PA																						
Ermont-Eaubon. arr.																						
Ermont-Eaubon. dép.																						
Ermont (halte)																						
Gr.-Noyer-St-P.(PA																						
St-Leu (S.-et-Oise).																						
Vaucelles (P. A).																						
Taverny																						
Bessancourt.																						
F-épillon (P. A.).																						
Méry																						
Mériel																						
Valmondois.. arr.																						
Ermont-Eaubon.dép.																						
Cernay (P. A).																						
Franconville-Plessis-B																						
Montigny-Beaucham.																						
Pierrelaye.																						
St-Ouen-l'Aumône.																						
Pontoise.																						
St-Ouen-l'Aumône.																						
Epluches.																						
Pont-Petit (P. A.).																						
Chaponval (P. A.).																						
Auvers-sur-Oise.																						
Valmondois.																						
Isle-Adam-Parmain.																						
Champagne (halte)																						
Persan-Bean-.... arr.																						
Persan-Bean-....dép.																						
Bruyères.																						
Boran.																						
Précy.																						
St-Leu-d'Esserent.																						
Creil (B)....... arr.																						

PARIS A BEAUMONT ET CREIL, PAR PONTOISE ET PAR MÉRY-VALMONDOIS (suite)

STATIONS	777	777	679	829	699	731	631	633	735	635	737	637
Paris (Bd.).........dép.	19 23	19 23	19 36	20 3		21 »	21 30	22 30	23 »	23 35	0 30	0 45
●St-Denis.........				20 13						23 45		0 55
●Épinay-Villetaneuse				20 18					23 17	23 50		» 2
La Barre-Ormesson.(P.A)				20 22					23 20	23 53		» 6
●Enghien.........	19 49	19 46		20 26		21 12	21 42	22 42	23 23	23 56	0 42	» 9
Ch.-de-Gare-d'Engh.(PA				20 29								» 11
●Ermont-Eaubon...arr.	19 53	19 50	19 53	20 33		21 16	21 46	22 46	23 16	0 »	0 46	1 13
●Ermont-Eaubon...dép.	19 51				20 40	21 17	21 47	22 47	23 17	0 2	0 47	1 18
Ermont (halle)......	19 54				20 43	21 20	21 51	22 51	23 20	0 5	0 50	1 22
Gr.-Noyer-St-P.(PA	19 56				20 47	21 23	21 56	22 55	23 23	0 9	0 53	1 24
St-Leu (S.-et-Oise)....	20 4				20 52	21 26	22 1	23 1	23 29	0 15	0 58	1 28
Vaucelles (P.A.).....	20 7					21 29	22 7	23 7	23 32	0 18		
Taverny..........	20 10					21 32	22 14	23 14	23 35	0 21	1 4	1 34
Besançourt........	20 14					21 35	22 23	23 23	23 39	0 28	1 8	1 41
Frépillon (P.A.).....	20 17					21 39	22 26	23 26	23 46	0 30		
Méry............	20 21					21 45	22 33	23 29	23 50		1 14	1 43
●Valmondois....arr.	20 28					21 52	22 43	23 33	23 55		1 18	
●Ermont-Eaubon...dép.						21 53	22 33	23 33			1 21	
Cernay (P.A.)......						21 59	22 38	23 38				
Franconville-Plessis-B						22 2	22 42	23 42				
Montigny-Beauchamp..						22 5						
Pierrelaye........						22 10						
St-Ouen-l'Aumône...	20 29					22 14	23 6	23 54			1 27	
●Pontoise.........	20 34					22 10	23 9	23 58			1 36	
St-Ouen-l'Aumône...												
Épluches.........												
Pont-Petit (P.A.)...												
Chaponval (P.A.)...												
Auvers-sur-Oise....												
●Valmondois......	20 43											
Isle-Adam-Parmain..												
Champagne (halle)..												
●Persan-Beau.-(arr.												
mont.......dép.												
Bruyères.........												
Boran...........												
Précy...........												
St-Leu-d'Esserent...												
●Creil (B)......arr.							23 35					

⊙, +, ◊, O, ■, Voir l'explication de ces signes page 19.

(a) Ce train prend des cartes d'abonnement hebdomadaire entre Pierrelaye et Pontoise.

(b) Ce train prend des cartes d'abonnement hebdomadaire entre Auvers-sur-Oise et Pontoise.

(c) Arrêt à titre d'essai.

(d) Ce train prend des cartes d'abonnement hebdomadaire entre Creil et Persan-Beaumont.

(f) Le train 625 n'arrête à Enghien que les dimanches et fêtes jusqu'à nouvel avis.

PARIS (NORD) À SAINT-DENIS, ENGHIEN, ERMONT, SANNOIS, ARGENTEUIL ET PARIS (SAINT-LAZARE) (1re, 2e, 3e classes)

Pour le service entre Paris, Épinay, Enghien et Ermont, voir, en outre, page 16.

Stations :

- Paris (Nord) (BH) dép.
- St-Denis (13, 16, 26, 34)
- Épinay-Villetan. (26) (P.A.)
- La Barre-Orm. (P.A.)
- Enghien (16)
- Ch. de Gd d'Engh. (PA
- Ermont-Eaubonne (24)
- Sannois
- Argenteuil {arr. / dép.
- Colombes
- Bois-de-Colombes
- Asnières
- Paris (St-Lazare) arr. (Bp)

Trains (première partie) : 637, 847, 849, 841, 801, 701, 845, 801, 851, 851, 803, 853, 805, 807, 809, 811, 861, 861, 813

Dimanches et fêtes. — Semaine. — Voir les notes et le nota page suivante. (Suite.)

Trains (deuxième partie) : 815, 817, 819, 891, 871, 823, 873, 825, 839, 875, 859, 827, 837, 829, 831, 833, 835

De Paris (Nord) — ALLER ET RETOUR

Semaine seulement. — Semaine jusqu'à nouvel avis.

CREIL ET BEAUMONT A PARIS, PAR PONTOISE ET VALMONDOIS-MÉRY

Pour le service entre Ermont, Enghien, Epinay et Paris, voir, en outre, page 15.

Voir les notes page 19.

Dimanches et fêtes entre Creil et Persan-Beaumont.

Dimanches et fêtes entre Persan-Beaumont et Valmondois.

Tous les jours et toute l'année. — Entre Beaumont et Paris, semaine seulement, du 15 avril au 15 janvier inclus, à titre d'essai.

Du 16 janvier au 14 avril inclus.

Semaine seulement entre Pontoise et Paris.

Semaine seulement du 15 avril au 15 janvier inclus.

À titre d'essai et jusqu'à nouvel avis.

STATIONS
Creil (B)...... dép.
St-Leu-d'Esserent...
Precy.........
Boran.........
Bruyères......
Persan - Beau - mont....
Champagne (halte)
Isle-Adam-Parmain.
Valmondois....
Auvers-sur-Oise..
Chaponval (P. A.)
Pont-Petit (P. A.)
Epluches......
St-Ouen-l'Aumône
Pontoise......
St-Ouen-l'Aumône
Pierrelaye....
Montigny-Beauchamp
Franconville-Plessis-B
Cernay (P. A.)..
Ermont-Eaubon. arr.
Valmondois.... dép.
Mériel........
Méry.........
Bessancourt...
Taverny.......
Vaucelles (P. A.)
St-Leu(Seine-et-O.)
Gr-Noyer-St-P.(PA
Ermont (halte)...
Ermont-Eaubon. arr.
Ermont-Eaubon. dép.
Ch. de C⁾ᵉ d'Engh.(PA
Enghien.......
La Barre-Orm..(P.A.)
Epinay-Villetaneuse
St-Denis......
Paris (BH).....

CREIL ET BEAUMONT A PARIS PAR PONTOISE ET VALMONDOIS-MÉRY (suite).

Voir les notes page 19.

Pour le service entre Ermont, Enghien, Épinay et Paris, noir, en outre, page 16.

STATIONS	610	710	612	712	714	616	716	618	620	722	624	724	724	626	724	726	728	728	632
Creil (B)......dép.		8 56										15 38	16 52						
St-Leu-d'Esserent..		9 5										15 47	16 56		Dimanches	Semaine			
Précy.............		9 11										15 52	17 5		et fêtes.	seulement.			
Boran............		9 18			10 41							15 58	17 10						
Bruyère..........		9 24			10 56		12 59			15 36		16 3	17 16	16 44					
Persan - Beau.- arr.		9 29	9 46	10 39	11 3	11 50	13 8		13 54	15 41		16 8	17 19	16 56			17 46	17 46	
mont.	8 51	9 36	9 51	10 44	11 9		13 14			15 48		16 16	17 22	17 6					19 45
Champagne (halle).			9 58	10 50	11 14		13 21		14 3	15 52		16 22	17 25	17 11			17 57		19 50
Isle-Adam-Parmain.	9 1	9 47	10 5	10 54	11 37		13 27		14 13			16 35	17 31		17 17	17 30	18 3		19 56
Valmondois.......	9 6	9 51	10 9		11 42		13 32		14 18			16 41			17 35	17 35	18 11		20 1
Auvers-sur-Oise...	9 11		10 13		11 48		13 36	13 32			16 28	16 47			17 42		18 14		20 12
Chaponval (P. A.).			10 20		11 52	11 55	13 41	13 36	14 23		16 31				17 46		18 17		20 16
Pont-Petit (P. A.).	9 21		10 24			12 5		13 43	14 35		16 36					17 43	18 20		20 18
Épluches..........			10 31			12 15		13 47	14 38		16 39						18 24		20 22
St-Ouen-l'Aumône.	9 33		10 34		12 21	12 21		13 49	14 45		16 46						18 28		20 29
St-Ouen-l'Aumône.	9 36		10 37		12 26	12 33		13 55	14 51		16 53						18 33		20 43
Pierrelaye.........	9 43		10 45		12 32	12 43		14	14 57								18 43		20 49
Montigny-Beauchamp	9 49		10 51		12 49	12 55			15 1								18 55		20 55
Franconville-Plessis-B	9 55		10 58			12 59											18 59		20 59
Cernay (P. A.)....	9 59		11 5			13													21 4
Ermont-Eaubon.. arr.	10 1		11						15 3		17	17 57	17 34	18 3					

Du 15 avril au 15 décembre inclus. — Toute l'année à titre d'essai et jusqu'à nouvel avis.

STATIONS	610	710	612	712	714	616	716	618	620	722	624	724	626	726	728	632
Valmondois.....dép.	10 3	10 33	11 7	11 35	12 33	13	13 33	14	15	16 32	17	17 33	18	18 35	19 36	21 3
Mériel............	10 8	10 38	11 13	11 40		13 8	13 39	14	15 4	16 38	17	17 38	18 6	18 42	19 43	
Frépillon (P. A.).																
Bessancourt......																
Taverny..........																
Vaucelles (P. A.).																
St-Leu (Seine-et-O.)																
Gr.-Noyer-St-P. (PA)																
Ermont (halle)....																
Ermont-Eaubonne. arr.	10 20	10 50	11 25	11 52	12 50	13 20	13 51	14 20	15 21	16 50	17 17	17 50	18 23	18 55	19 55	21 20

CREIL ET BEAUMONT A PARIS, PAR PONTOISE ET VALMONDOIS-MÉRY (suite)

Pour le service entre Ermont, Enghien, Epinay et Paris, voir, en outre, page 15.

STATIONS	732	734	634	636	638	898
●Creil (B...... .dép.	■	■	■	■	■	■
St-Leu-d'Esserent...	...	...	...	...	22 41	
Précy............	...	...	...	...	ⓞ50	
Boran............	...	...	...	...	ⓞ01	
Bruyères..........	...	20 46	...	...	23 01	
Persan-Beau...arr.	...	20 56	...	...	23 12	
mont...........dép.	20 36	21 9	20 48	21 48	23 16	
Champagne (halte).	20 41	ⓞ14		21 59	23 25	
Isle-Adam-Parmain.	20 50	21 19	20 57	22 5	23 30	
●Valmondois.......	20 54	21 24	21 2	22 10	23 35	
Auvers-sur-Oise....		21 32	21 9	22 14	23 40	
Chaponval (P. A.)..						
Pont-Petit (P. A.)..		21 48	21 18	22 19	23 46	
Épluches...........		21 22	21 26	22 23	ⓞ50	
●St-Ouen-l'Aumône..		21 33		22 32	23 53	
St-Ouen-l'Aumône..		21 42		22 35		
Pierrelaye.........		21 49		22 43		
Montigny-Beauchamp		21 56		22 49		
Franconville-Plessis-B		22 2		22 59	0 19	
Cornay P. A.).....				23 1		
●Ermont-Eaubon. arr						
●Valmondois....dép	20 36					
Mériel............	20 59					
Méry..............	21 4					
Frépillon (P. A.)..	21 8					
Bessancourt.......	21 14					
Taverny...........	21 19		22 16			
Vaucelles (P. A.)..	21 22		22 19			
St-Leu (Saint-et-Oi)	21 26		22 25	23 3		
Gr-Noyer-St-P. (PA	21 31		22 29			
Ermont (halte)....	21 35		22 32			
●Ermont-Eaubon. arr	21 38					
●Ermont-Eaubon.dép.	21 39	22 4	22 33	23 33	0 20	20 20
Ch.de Ces d'Engh.(PA		22 10				
●Enghien.(P.A.)	21 46	22 38	22 50	23 23	0 26	2
La Barre-Orm. (P.A)						
Épinay-Villetaneuse						
●St-Denis...........	21 56	22 22	23 50	23 20	0 41	24·27
●Paris (Bll)....arr.						2·35

Train organisé à titre d'essai et habituellement mis en marche du lundi de Pâques (nuit du dim. au lundi) au 31 octobre (nuit du 30 au 31).

PARIS (SAINT-LAZARE), ARGENTEUIL, PARIS (NORD), MONTMORENCY

Voir l'explication des signes page III.

(Suite)

(Suite)

MONTMORENCY, PARIS (NORD) ET ARGENTEUIL A PARIS (SAINT-LAZARE)

STATIONS

- Montmorency....dép.
- ● Enghien........arr.
- Paris (Nord)....dép.
- St-Denis........
- ● Epinay-Villetaneuse
- La Barre-Ormens (PA)
- ● Enghien......{dép. / arr.}
- Ch. de ces d'Engh.(PA)
- Ermont-........
- Eaubonne......{arr. / dép.}
- Sannois........{arr. / dép.}
- ● Argenteuil....{arr. / dép.}
- Colombes......
- Bois-Colombes..
- ● Asnières (2)...{arr. / dép.}
- Paris (St-Lazare).arr. (Bp)

(Suite)

(Suite)

L'ÉGLISE D'ENGHIEN.

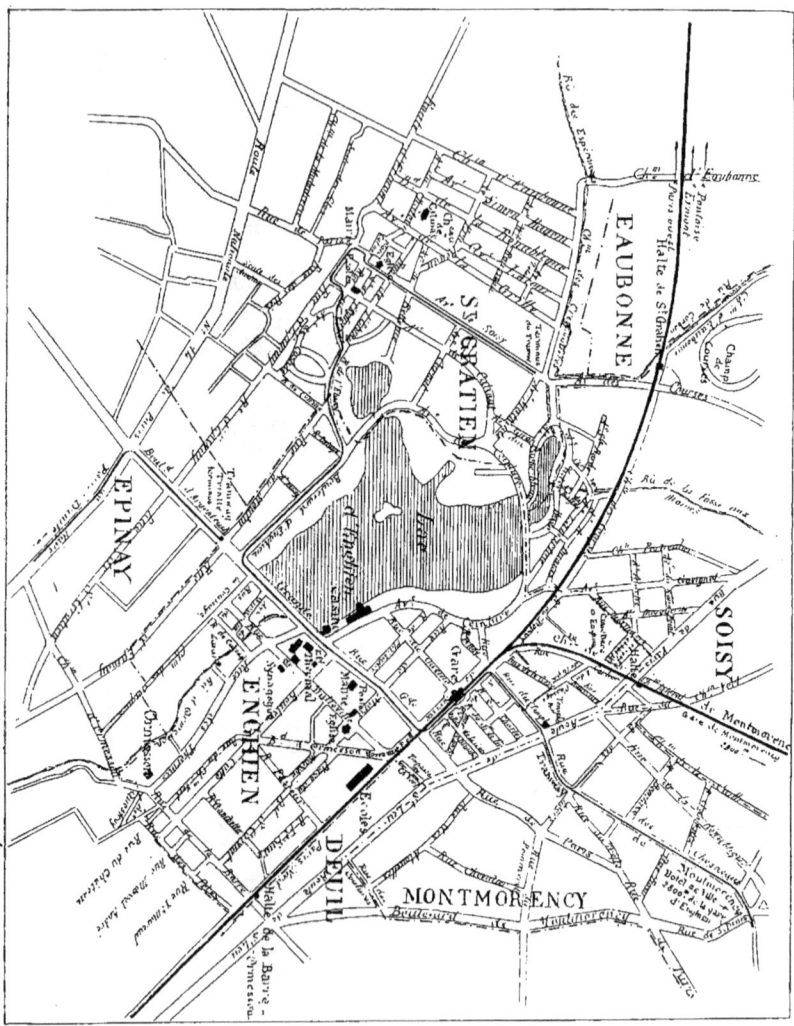

PLAN DE LA VILLE D'ENGHIEN-LES-BAINS

DE PARIS A ENGHIEN EN AUTO

Les routes, utilisées jadis par les malles-poste et les messageries, ne conviennent pas toujours aux voitures automobiles ou aux cyclistes. Elles sont souvent restées pavées, sinon dans toute leur longueur, du moins sur des distances appréciables, et on sait que le « pavé du Roi » n'est pas la piste rêvée des automobilistes et de leurs frères modestes les cyclistes. Souvent aussi les routes de postes ayant à desservir plusieurs localités éloignées les unes des autres, mais cependant sous la même latitude, laissaient ces localités à une certaine distance à droite et à gauche et détachaient seulement vers elle des rameaux de communication.

Pour se rendre en automobile ou à bicyclette de Paris à Enghien, il n'est pas nécessaire de passer par Saint-Denis, à moins qu'on ne le désire expressément, car autrement c'est allonger le temps nécessaire au trajet en passant à travers un paysage peu séduisant, sur une route pavée et fort cahoteuse. Le plus simple est de gagner la place Clichy, de prendre l'avenue de Clichy, de passer la porte de Clichy ; continuer en traversant Clichy-la-Garenne ; traverser la Seine sur le pont de Clichy, continuer jusqu'à l'entrée de Gennevilliers, et là, prendre à droite, contourner le pays, et continuer tout droit jusqu'à la Seine, traverser le pont. On se trouve alors à Épinay. Prendre la grande rue sur la gauche : c'est la route de Paris au Havre ; continuer cette route jusqu'à la route d'Argenteuil à Enghien, qu'on prend à droite. Enghien (lac) est à quelques centaines de mètres. On peut aussi, une fois le pont de Clichy traversé, prendre la route à droite au lieu dit Les Grésillons et on évite l'entrée de Gennevilliers ; on est sur la route qui contourne la ville.

Les distances sont les suivantes, à partir de la porte de Clichy : Porte de Clichy-Pont de Clichy, 1 km. 500 ; Pont de Clichy-Les Grésillons, 1 km. ; Les Grésillons - Gennevilliers 1 km. 500 ; Gennevilliers-Épinay, 2 km. 500 ; Épinay-Enghien, 1 km. 500 ; donc de la porte de Clichy à Enghien, 8 kilomètres.

Renseignements Utiles.

CLICHY, 41 787 hab. (les Clichois). — Superficie : 285 hectares. Altitude : 30 m. Chef-lieu de canton. Arrondissement de Saint-Denis, à 7 kil. de Paris (Notre-Dame). Bureau de postes et de télégraphe, téléphone, correspondance pneumatique avec Paris. Station de chemin de fer. Colis postaux à domicile. Grande vitesse (Gare de Clichy-Levallois) (État). Lignes de Paris (Saint-

Lazare) à Saint-Germain et de Paris (Saint-Lazare) à Versailles (Rive droite et Chantiers). Gare des marchandises. Petite vitesse (gare des Batignolles). Station du chemin de fer de Ceinture, avenue de Clichy. Station des trains-tramways Gare du Nord-Pont-de-Saint-Ouen, boulevard Victor-Hugo et quai de Seine (Saint-Ouen). Fête le dernier dimanche de mai et les deux premiers dimanches de juin. Marché : (central), lundi, mercredi, samedi. A la porte de Paris, le jeudi et le dimanche ; au boulevard de Lorraine, le mardi et le vendredi. Caisse d'épargne (Succursale), ouverte tous les dimanches, de neuf heures à midi. Octroi.

Autobus : Avenue de Clichy-Odéon-Feuillantines. *Tramways :* Madeleine-Asnières-Gennevilliers ; Madeleine-Asnières-Colombes ; Porte-Maillot-Saint-Denis.

GENNEVILLIERS, 11.586 hab. (*les Gennevillois*). — Superficie : 1 502 hectares. Altitude : 27 m. (Arrondissement de Saint-Denis, canton d'Asnières), à 8 kil. de Paris (Notre-Dame), à 3 kil. de Saint-Denis. Postes, télégraphe, téléphone. Station de chemins de fer. Colis postaux à domicile. Grande vitesse, petite vitesse (Nord), avenue du Pont-d'Épinay (face au n° 39), ligne de Paris à Saint-Gratien et Sannois. Halte pour voyageurs seulement (Les Grésillons), même ligne (avenue des Grésillons, 195). Fête patronale : le dimanche le plus rapproché de la Sainte-Madeleine (juillet). Marché aux Grésillons : le mercredi et le samedi. Marché au Centre, rue Amélie : le jeudi et le dimanche.

Tramways : Colombes à Saint-Ouen ; Madeleine-Asnières-Gennevilliers ; Saint-Cloud à Pierrefitte.

ÉPINAY, 4 222 hab. — Superficie : 422 hectares. Altitude : 30 m. et 50 m. (Arrondissement de Saint-Denis, canton de Saint-Ouen), à 14 kil. de Paris (Notre-Dame) et à 2 kil. de Saint-Denis. Postes, télégraphe, téléphone. Station de chemins de fer. Colis postaux à domicile. Grande vitesse, petite vitesse (Nord et Grande-Ceinture), avenue du Grand-Sentier, à 2 kil. Station de chemin de fer. Colis postal domicile. Grande vitesse et petite vitesse (Épinay-Villetaneuse) (Nord et État), avenue du Chemin-de-Fer. Fête patronale : la Saint-Médard. Marché : lundi et jeudi.

Tramway : Trinité (Paris) à Enghien (Seine-et-Oise).

EXPOSITION D'HORTICULTURE DANS LE JARDIN DE L'HÔTEL DE VILLE
D'ENGHIEN

L'EXPOSITION D'HORTICULTURE.

Photo Neurdein.

ÉGLISE DE SAINT-DENIS

ITINÉRAIRE
DE PARIS A ENGHIEN

Le voyage de Paris à Enghien n'est pas de ceux qui peuvent effrayer même l'être le plus casanier, il est un peu moins long que celui de Paris à Versailles, de plus il présenterait pour le voyageur immortalisé par Néel, dans son charmant *Voyage de Paris à Saint-Cloud par eau,* un avantage : c'est qu'il se fait entièrement sur la terre ferme ; on sait qu'aux environs du Point-du-Jour, le voyageur de Néel ressentit les attaques du mal de mer, le plus angoissant des maux.

Lorsque les eaux d'Enghien commencèrent à être fréquentées, le roi Louis XVIII était dans ce qu'il laissait appeler autour de lui la vingt-huitième année de son règne, les femmes portaient des turbans, on avait peut-être pensé à la jupe-culotte, mais on ne prévoyait pas encore le chemin de fer.

Le moyen le plus rapide d'atteindre Enghien était donc la chaise de poste particulière si l'état de fortune du voyageur le permettait, ou la voiture publique si l'on était tenu à l'économie. A cette époque, sitôt franchie la barrière Saint-Denis qui fermait la rue du Faubourg-Saint-Denis, à la hauteur du boulevard actuel de la Chapelle, on se trouvait à peu près en pleine campagne. Des vignes s'élevaient aux flancs de Montmartre, que couronnaient des moulins à vent, et une tour pour le télégraphe aérien. La route de Saint-Denis, ou plutôt de Paris à Calais, était bordée par deux rangées de maisons qui formaient le hameau de la Chapelle ; à de rares endroits s'ouvrait une petite rue perpendiculaire à la grande route, elle était courte et finissait bientôt dans les champs, qui composaient l'extrémité sud de la fameuse plaine Saint-Denis, où les bons bourgeois de Paris allaient le dimanche, pendant que la chasse était ouverte, tirer un nombre énorme de coups de fusil. Comme beaucoup se servaient d'armes de munition achetées aux ventes de réforme, le vacarme était presque aussi fort que lors de la bataille de Paris ; le gibier était rare et de fort petite taille, l'alouette s'y rencontrait cependant, mais la perdrix était exceptionnelle, et le faisan inconnu ; quant aux lièvres, ils allaient, assure-t-on, passer ces journées d'alerte dans les bois de Mont-morency. Ils les trouvèrent bientôt si préférables à la plaine qu'ils y restèrent et devinrent légendaires. C'était donc la campagne des environs de Tarascon, moins les casquettes et les Alpilles. La culture des grains et des légumes occupait cette plaine. A la sortie du village de la Chapelle, c'était la rase campagne, la plaine très basse, coupée seulement sur la droite par les travaux du canal de Saint-Denis, derrière lequel on apercevait le village d'Aubervilliers. Sur la gauche, Saint-Ouen avec ses vignes, puis la coupure de la Seine. Devant soi on avait Saint-Denis, dont les maisons étaient dépassées par le haut toit de la basilique flanquée d'un clocher et d'une flèche que la foudre frappa en 1837.

Après que le dernier roi de France s'en fut allé à Prague, et que l'unique roi des Français eût vu la moitié de ses années de règne, le chemin de fer, en dépit des prédictions pessimistes de M. Adolphe Thiers, commença à relier Paris avec certaines villes de province. Une des premières lignes construites fut celle de Paris à Creil, ville déjà importante par son industrie. Enghien se trouva donc être une des premières stations balnéaires

rattachées à Paris par le nouveau moyen de communication.

C'est de nos jours seulement que La Chapelle, annexée
à Paris depuis 1859, est devenue un quartier essentiel-
lement industriel où abondent les usines métallurgiques,
où les hautes cheminées de briques augmentent en nombre chaque année.

La gare du Nord, située à l'extrémité du boulevard
Denain sur la place de Roubaix, est l'œuvre de l'architecte Hittorf. La façade du bâtiment principal a
90 mètres de développement, la profondeur est de
160 mètres. Comme toutes les gares très importantes,
elle est déjà trop petite, en dépit des annexes construites
dans la partie bordée par le faubourg Saint-Denis. La
nef de la gare a 35 mètres de haut et 70 mètres de large.
On juge de ce que peut être l'affluence dans cette station
lorsqu'on considère que c'est par le chemin de fer du
Nord que sont assurées la plupart des communications
avec la Grande-Bretagne et l'Irlande, toutes celles
avec la Belgique, la Hollande, les nations scandinaves,
plus de la moitié de celles avec l'Allemagne et la Russie.

L'aspect de la gare du Nord est fort pittoresque : on
y entend toutes les langues de l'Europe septentrionale ;
les locomotives y font parler les échos de la nef, par leur
puissante respiration, par leurs ahanements formidables
lorsque le convoi semble un peu lourd. La façade sur
les voies est également peuplée de locomotives qui
tordent leur chevelure de fumée noire, tout en pous-
sant parfois des cris aigus, et c'est un continuel chassé-
croisé de vagons qu'on fait passer d'une voie à l'autre,
qu'on sépare d'un groupe pour les rattacher à un autre.
Soudain un roulement, comme une série de détonations,
c'est un rapide ou un express qui vient d'ébranler les
plaques tournantes ou les chariots transbordeurs en

3

pénétrant dans la gare ; la formidable locomotive, avec docilité, diminue sa vitesse, sous le geste du mécanicien, puis elle s'arrête, en exhalant comme un soupir après une aussi longue randonnée.

En sortant de la gare par un des deux cents trains qui mettent Paris en communication avec Enghien, on passe presque aussitôt sous le pont de la Chapelle qui, indépendamment du boulevard du même nom, porte encore le viaduc du chemin de fer métropolitain. Après avoir passé le pont qui porte la rue Philippe-de-Girard, on trouve sur la gauche les ateliers de réparations et les magasins de la Compagnie. Ces ateliers et magasins qui, vers 1848, étaient un bâtiment de dimensions restreintes, forment aujourd'hui une sorte de ville, où retentit le bruit des marteaux, où la fumée obscurcit l'air, où le sol disparaît sous une couche épaisse d'escarbilles et de mâchefer. C'est là qu'est également le dépôt des locomotives, le Dépôt de la Chapelle pour lui donner son nom officiel. Dans de vastes rotondes, les engins se reposent tout comme des coursiers ; l'étrillage se fait à l'aide de torchons enduits de graisse ; la nourriture nécessaire au monstre est représentée par des montagnes de briquettes alignées comme les pierres d'un mur. Pendant des centaines de mètres, le trajet se poursuit entre des rangées de vagons à voyageurs et à marchandises ; on dépasse des convois que des locomotives ramassées, d'un genre spécial, qu'on appelle des « coucous », désagrègent voiture par voiture pour diriger celles-ci sur les différents magasins de la gare de petite vitesse. Puis c'est la course entre des murailles que la fumée a noircies, soubassements d'ateliers ou d'entrepôts occupés par des industries diverses. Il semble, dès qu'on est entré dans la gare, qu'on s'est trouvé transporté à 200 kilomètres plus au nord ; le

trajet continue l'illusion, on croirait être dans la ban-
lieue de Lille.

A la sortie de Paris, lorsqu'on franchit les fortifi-
cations, on peut voir à gauche les bâtiments de la
nouvelle caserne, occupée par de l'infanterie depuis la fin
de l'année 1910. Ces casernes ont un aspect propre qui
fait souhaiter qu'elles servent de modèle pour celles à
venir.

On est depuis déjà un certain temps dans la
plaine Saint-Denis quand on arrive à la station dite de
la Plaine, que les trains d'Enghien brûlent, d'ailleurs.
C'est à cette station que la ligne de Soissons se détache
du faisceau des lignes pour s'infléchir vers la droite.

La plaine de Saint-Denis est la partie la plus basse
d'une plaine qui compte à peu près 50 kilomètres de
longueur et que limitent : Sannois et Frépillon à l'ouest,
Mafliers au nord, Louvres à l'est, et Paris au sud.

Au temps des Romains, la plaine Saint-Denis était
couverte de broussailles, une voie la traversait, construite par les nouveaux maîtres du pays ; elle menait
jusqu'à Senlis. La route de Flandre de nos jours est donc
une ancienne voie romaine, ce n'est d'ailleurs pas la
seule qui soit dans ce cas-là. Cette route fut une de
celles qui amenèrent les invasions : au Ve siècle, ce furent
les Francs, au IXe les Normands, au Xe les Allemands
d'Othon II ; on se rappelle qu'en 980, ils atteignirent
jusqu'au pied de Montmartre ; au XIVe et au XVe, c'est
par là qu'arrivèrent les Anglais. En 1814 et 1815, les
Alliés l'employèrent, et enfin, il y a quarante ans, les
Allemands l'utilisèrent encore une fois. Au XVIe, le
10 novembre 1567, la plaine Saint-Denis fut le théâtre
d'une sanglante bataille entre les armées catholiques et
protestantes. Le vainqueur, le connétable de Montmorency, y tomba blessé mortellement.

C'est dans cette plaine, au lieu dit du Lendit (une halte, desservie par les trains spéciaux, trains légers, trains-tramways, porte ce nom) que se tenait la fameuse foire du Lendit. Elle avait été instituée par Charles le Chauve. Le Recteur de l'Université de Paris s'y rendait en grande pompe, suivi de tous les escholiers ; il allait prélever, en vertu du privilège accordé par le roi, le parchemin que l'Université devait employer pour ses travaux. En 1552, la foire se tint pour la première fois à Saint-Denis et désormais elle s'y tint toujours. C'est peu après que le Recteur cessa de s'y rendre. Est-il besoin de dire que si la foire du Lendit subsiste encore, elle a considérablement perdu de sa splendeur et que l'on n'y fait point le commerce du parchemin.

Saint-Ouen, qui touche maintenant à Saint-Denis, en venant jusqu'au chemin de fer, est une ville de plus de 20.000 habitants, où les fabriques sont nombreuses : fabriques de toiles cirées, bâches, caoutchouc, produits chimiques, sucre, savon. Saint-Ouen possède un véritable port fluvial consistant en un bassin de 200 mètres de long. La superficie est de 25.000 m. q. ; le bassin communique avec le fleuve au moyen d'un bassin de 600 mètres de long et de 50 mètres de large. L'écluse de communication a 60 mètres de long et 12 mètres de large. Saint-Ouen est une fort ancienne localité ; dans son château, le roi Jean le Bon établit sa résidence royale ; il y institua l'ordre de l'Étoile. En 1814, le 2 mai, Louis XVIII y signa la déclaration préalable dans laquelle il posait les bases de la Charte constitutionnelle.

Le train, tandis qu'on cherche à apercevoir le château historique, est entré à Saint-Denis. La gare de Saint-Denis est une de celles de France où il passe le plus de trains en vingt-quatre heures, car, sauf ce qui se dirige sur Soissons, tout passe par Saint-Denis. Les rapides et les express franchissent la gare presque en pleine vitesse. La gare n'a pu résister à ces émotions continuelles, on s'aperçut un jour qu'elle menaçait ruine : les frontons des portes, les seuils, les moindres pierres étaient fendus ; il fallut refaire une station. Il est à présumer que, comme les vitesses ont augmenté, la nouvelle gare, qui date déjà d'une dizaine d'années, vivra encore moins longtemps que celle qu'elle a remplacée. Mais, avant que de continuer la course vers Enghien, force est de s'arrêter à Saint-Denis.

Saint-Denis est une des plus vieilles villes de France, dont le nom est intimement lié à l'histoire nationale.

Saint-Denis fut longtemps avec Sceaux un des deux chefs-lieux d'arrondissement du département de la Seine. On dit toujours par habitude l'arrondissement de Saint-Denis, l'arrondissement de Sceaux : la division a subsisté pour les élections législatives, mais il n'y a plus depuis un certain temps de sous-préfet de Saint-Denis. Saint-Denis compte aujourd'hui plus de 60.000 habitants, et sa population s'accroît chaque jour. C'est une ville industrielle aux rues pressées, une ville sombre, un échantillon du Nord aux portes de Paris. Elle a une grosse importance au point de vue de la navigation fluviale, car son canal, partant de la gare maritime du canal de · l'Ourcq, et communiquant avec le canal Saint-Martin, raccourcit de plus de moitié la distance du port d'Austerlitz à Saint-Ouen. L'importance de Saint-Denis fut aussi pendant longtemps très grande au point de vue militaire, car, avant la construction des murailles de Paris en 1840, Saint-Denis pouvait arrêter l'ennemi un certain temps. Le fait se passa en 1814, c'est un des titres de gloire de la ville. En même temps qu'on construisait les murailles de Paris, qui n'étaient d'ailleurs faites que pour satisfaire aux nécessités de la bataille de

Paris en 1814, on construisit à Saint-Denis, dans le même but, le fort de la Briche au hameau dit de la Briche, à quelques centaines de mètres de Saint-Denis, un fort qui jusqu'à la dernière guerre fut la première défense de Paris dans la direction du Nord, et sur le front septentrional de la ville de Saint-Denis, une ligne de murailles appelée la double couronne du Nord qui, soutenue par le fort de la Briche et le fort de l'Est, appuyé au canal, devait mettre la ville à l'abri des menaces de l'ennemi ; on sait, hélas! ce qui advint lors des opérations devant Paris en 1870.

La basilique est au fond de la place d'Armes, à un kilomètre de la Gare.

Basilique de Saint-Denis en France. — C'est à la basilique royale que la ville de Saint-Denis a dû son importance dans les siècles qui ont précédé le XIXe, et cette basilique prit son nom de l'endroit où furent ensevelis les corps de saint Denis, évêque, de saint Rustique, prêtre, et de saint Eleuthère, diacre. L'époque du martyre de ces trois pieux personnages n'a jamais été fixée de façon bien nette. Les historiens de l'Église ont hésité, paraît-il, entre le Ier, le IIe et même le IVe siècle : mais si la date est incertaine, tous se sont accordés pour assigner comme emplacement au supplice le sommet de la colline qui s'élève au nord de Paris, qu'on appelait jusque là Mont de Mercure, parce qu'un temple s'y trouvait consacré à cette divinité, et qui devint le mont des Martyrs, *Mons martyrum*, dont le français a fait Montmartre. Une abbaye dont seule l'église subsiste encore, l'église Saint-Pierre de Montmartre, entoura longtemps de ses murs l'endroit illustré par la mort des trois prêtres.

Une femme d'une grande piété, Catulla, qui avait assisté dans leur prison les trois condamnés, après les avoir défendus devant le préfet romain, recueillit les trois corps décapités : elle les fit inhumer dans un champ qui lui appartenait, dans la plaine qui s'étendait au nord de Paris. L'endroit devint un lieu de pèlerinage bientôt fameux, et d'autant plus fréquenté que la foi chrétienne gagnait en importance dans le pays. Bientôt, sur le champ où reposaient les trois corps, s'éleva une église, illustrée par des miracles. Mais survint l'invasion des Barbares et, si des annales n'ont pas été tenues des différentes vicissitudes dont put souffrir l'église pendant cette époque de transition, on sait néanmoins qu'au ve siècle elle tombait en ruines. C'est alors que la petite bergère de Nanterre, Geneviève, dont la renommée avait grandi et que le peuple de Paris s'était mis à vénérer, entreprit, avec l'aide du prêtre Genès et des autres prêtres de Paris, de relever l'église commémorative. Grégoire de Tours a, dans ses œuvres, exposé tous les prodiges, tous les faits miraculeux qui s'y produisirent tant pour la récompense des bons que pour le châtiment des mauvais. Une communauté de moines, que régissait un abbé, desservait l'église de Saint-Denis. Avec la communauté naquit l'abbaye, autour de l'abbaye s'éleva le village.

Le bon roi Dagobert fit reconstruire l'église, et le bon saint Éloi travailla lui-même aux travaux de ferronnerie ; l'abbaye fut richement dotée. Dagobert fut regardé dès lors comme le véritable fondateur de Saint-Denis ; les religieux conservèrent l'habitude de célébrer solennellement sa mémoire par un service, le 19 janvier. Cela dura jusqu'à la suppression du monastère. Dagobert y avait accumulé des marbres précieux, des tapis magnifiques, des vases d'or ; il y fit placer des portes en bronze comme dans les temples les plus fameux de l'antique Rome. Le tombeau des martyrs fut ciselé de la main d'Éloi, du bon Éloi, ainsi que la grande croix d'or érigée à l'entrée du chœur.

En 754, c'est à Saint-Denis que le roi Pépin, la reine Berthe et leurs deux fils reçoivent l'onction des mains du pape Étienne II. Pépin fit reconstruire la basilique

cependant il ne vit pas l'achèvement des travaux : c'est
Charlemagne qui acheva cette reconstruction ; la dédi-
cace du nouveau bâtiment prit place en 775.

Dans la période qui s'étend du VIIIe au XIe siècle,
l'église de Saint-Denis eut à souffrir des mêmes maux
que toutes les églises et monastères de la France septentrionale : les Normands, dont la fin du règne de Charlemagne avait vu les premières tentatives ; les guerres
qui occupèrent les dernières années de la dynastie carlovingienne.

Saint-Denis était, par sa position au bord du fleuve,
merveilleusement placé pour recevoir la visite des Normands : il est évident que la basilique et le monastère
furent dévastés ; on ne possède sur ce point aucun
détail écrit, mais on trouve la preuve d'une reconstruction au XIe siècle dans l'architecture de la partie centrale de la crypte par les arcs en plein cintre, et les
chapitaux historiés. Les seuls vestiges qui subsistent
des travaux de Dagobert et de Charlemagne sont quelques colonnes et chapitaux en marbre, restés debout
dans la crypte.

Au siècle suivant (XIIe), l'abbé de Saint-Denis n'était
autre que le célèbre Suger : il résolut bientôt de reconstruire entièrement la basilique. Il avait, dit-on, été
alarmé des dangers que la taille trop restreinte de la
nef romane faisait courir aux fidèles les jours d'affluence ;
pendant une cérémonie, sous ses yeux, des assistants
avaient été écrasés, les religieux n'avaient échappé
qu'en passant par les fenêtres. Suger s'ingénia donc à
donner à la nouvelle basilique la plus grande capacité
possible. La construction fut assez rapide ; Suger,
comme bien on pense, fit orner l'église de la plus magnifique façon. Toutes les baies furent garnies d'admirables verrières, l'autel fut splendide ; le trésor reçut

des objets des plus précieux. Suger surveillait lui-même l'extraction des pierres, choisissait lui-même le bois pour les charpentes, dirigeait la confection des croix, des vases sacrés, des verrières.

Au XIIIᵉ siècle, en 1219, le lendemain du jour de la Nativité, la foudre consuma une flèche en charpente qui couronnait la tour septentrionale du portail. Vers 1230, l'église de Suger menaçait ruine. L'année suivante, le roi Louis IX fit procéder à la reconstruction de la totalité ou presque du bâtiment dont il voulait faire une nécropole royale, ce qui exigea cinquante ans. Sur la tour nord l'ancienne flèche en bois fut remplacée par une flèche en pierre. Ces travaux ne furent terminés que sous Philippe le Hardi ; ils donnaient à l'édifice à peu près la physionomie qu'il a encore aujourd'hui ; cependant les chapelles latérales de la nef, du côté nord, ne furent construites que dans le courant du XIVᵉ siècle. Sous Henri II on construisit la chapelle des Valois, située sur le flanc nord de l'abside, mais elle n'est pas parvenue jusqu'à nous ; elle fut démolie sous la régence de Philippe d'Orléans, et ses colonnes ont, paraît-il, servi à confectionner la ruine factice qui orne le parc Monceau.

Louis IX avait fait élever un mausolée à Dagobert, à droite du maître-autel, au bas du sanctuaire : sous ce mausolée on plaça les restes du prince ainsi que les ossements de Nanthilde, sa femme, et de son fils, Sigebert. Des deux côtés du chœur des religieux, dans le transept en prolongement des piliers de la nef, Louis IX fit élever des tombeaux avec effigies aux princes suivants : Pépin et Berthe, Louis et Carloman, Clovis II et Charles Martel, Eudes, Hugues Capet, Robert le Pieux et Constance d'Arles, Henri Iᵉʳ, Louis VI, Constance de Castille, deuxième femme de Louis VII, Philippe, fils

aîné de Louis VI, Carloman, roi d'Austrasie, Hermen-
trude, première femme de Charles le Chauve.

Le tombeau de Louis IX, datant du début du XIIIe siècle, était en bronze et était placé au milieu du chœur des
reliques. Depuis ce prince jusqu'à Henri II, tous les rois
de France eurent leur monument à Saint-Denis.

C'est Louis XIV qui enleva à Saint-Denis son titre
abbatial, et les revenus ainsi confisqués allèrent enrichir
la maison de Saint-Cyr.

Le premier abbé de Saint-Denis avait été Dodon,
en 627, le dernier fut Jean-François-Paul de Gondi,
cardinal de Retz. Entre eux il y avait eu soixante et
onze abbés parmi lesquels on remarque Fulbert, Hil-
duin, Suger, Mathieu de Vendôme, Charles le Chauve,
Eudes, comte de Paris, puis roi de France, Robert,
son frère, qui lui succéda sur le trône, Hugues Capet
qui fut le fondateur de la glorieuse maison des Capé-
tiens, dont les membres occupèrent le trône à trois
reprises, les cardinaux de Bourbon, de Lorraine, de Guise,
de Mazarin. Le dernier abbé fut le cardinal de Retz,
triplement célèbre par sa participation à la Fronde,
par sa vie agitée, par ses mémoires écrits avec la verve
la plus spirituelle, un des plus curieux tableaux de la
société française au XVIIe siècle.

Au XVIIIe siècle, des mutilations successives firent
en peu de temps de l'abbaye et de la basilique un
des monuments les plus ravagés qui subsistent du
moyen âge. Ce sont les derniers prieurs qui en sont
responsables. Les bâtiments monastiques, dont quelques-uns remontaient à Suger, furent reconstruits de la
plus vulgaire façon sur les plans de Robert de Cotte.
Ces bâtiments sont devenus plus tard la Maison d'éducation de la Légion d'honneur. Robert de Cotte mutila,
ceci est encore beaucoup plus grave, le portail du croi-

sillon sud pour le raccorder aux constructions qu'il élevait.

L'avant-dernier prieur, en 1775, eut la lumineuse idée de « débarrasser » le chœur et la nef des tombeaux qui, à son idée, les « obstruaient ». Il ne put mettre, paraît-il, son projet à exécution, mais la Révolution allait faire mieux encore, car c'est elle ou plutôt ceux qui passaient pour la représenter qui semblent avoir mérité la palme dans ce concours de dévastations.

Louis XVI avait été décapité le 21 janvier précédent, la reine était encore au Temple, quand, le 31 juillet 1793, la Convention, sur le rapport de Barère, émit le vœu que la meilleure façon de célébrer le bout de l'an de la chute de l'autorité royale au 10 août, serait de décapiter les statues de pierre qui décoraient les mausolées de Saint-Denis et de jeter la vieille France, sinon à la voirie, du moins à la fosse commune, ce qui, dans l'idée des Titans de l'époque, était à peu près synonyme. Les termes du décret sont d'ailleurs brefs, les voici dans toute leur simplicité antique : « La Convention nationale, après avoir entendu le rapport du Comité de Salut public, décrète ce qui suit : les tombeaux et mausolées des ci-devant rois, élevés dans l'église de Saint-Denis, dans les temples et autres lieux, dans toute l'étendue de la République, seront détruits le 10 août prochain. » (Séance de la Convention, présidence de Danton, 31 juillet 1793.)

Dix jours suffirent pour débarrasser Saint-Denis des « vestiges de la tyrannie ».

Une tombe échappa cependant à toutes les plus minutieuses recherches : c'était celle de l'homme, qui parmi les personnages inhumés à Saint-Denis, avait eu la vie la plus orageuse, aussi tourmentée que celle d'un condottiere du XVIe siècle ; la mort devait décidément apporter à sa dépouille le repos définitif. Cet homme, c'était Paul de Gondi, cardinal de Retz. Le plan de l'église royale par Félibien indiquait clairement une place où on ouilla en vain, le cercueil du Frondeur resta introuvable. Cependant les démolisseurs en étaient passés bien près car Viollet-le-Duc, lorsqu'il travailla à la restauration de la basilique, retrouva la tombe à côté du tombeau de François Ier.

***

La dernière journée où les Bénédictins officièrent à Saint-Denis fut le dimanche 9 septembre 1792 ; le 14 du même mois tous avaient quitté le couvent, l'église de l'abbaye fut dès lors une simple paroisse. Après les profanations de l'année suivante, il devint impossible d'y séjourner, tant il y régnait une abominable odeur de chair en décomposition. Les offices furent alors célébrés dans la chapelle de l'Hôtel-Dieu, puis ensuite dans la chapelle des Carmélites.

La ci-devant basilique connut alors les fêtes de la déesse Raison, puis elle abrita un dépôt d'artillerie, un théâtre de saltimbanques, un magasin à fourrages.

En 1795, la toiture en plomb fut arrachée et transportée à Paris pour la fonte. C'est ainsi que l'église resta jusqu'au 6 septembre 1796, jour où l'on commença à la recouvrir avec des tuiles et des ardoises. Elle fut un marché public, puis on y installa des moulins à bras. Pendant quelque temps, on discuta le projet d'y faire passer une rue à la place de la nef centrale et d'élever sur chaque côté des maisons à plusieurs étages. C'eût été évidemment irréparable. Mais presque aussitôt Bonaparte, victorieux, vint au premier rang : ses campagnes nombreuses à cette époque nécessitèrent la création d'hôpitaux nombreux ; on en installa un dans la basilique et dans l'abbaye ; cette nouvelle utilisation fut continuée plus de dix ans.

Napoléon, venant visiter les blessés, vit la basilique, et avec la promptitude qui caractérisait toutes ses décisions, il fit commencer sa restauration et la décréta, le 20 février 1806, sépulture de la dynastie impériale. S'il ne pensa pas à faire replacer les monuments ou plutôt les débris de monuments qui étaient au Musée des monuments français, il décida de faire élever à tous les morts que la Révolution avait chassés de là, des statues accompagnées d'épitaphes.

Les travaux furent commencés, mais ils ne satisfirent pas l'Empereur qui témoigna son mécontentement lors de sa visite au début de 1813. Sa chute qui suivit de peu ne lui permit pas de faire procéder à des améliorations.

*
* *

A la seconde Restauration, une ordonnance royale ferma le Musée des monuments français et les débris de monuments furent rapportés à Saint-Denis où on s'ingénia à refaire des tombeaux à chaque monarque avec les débris qu'on possédait ; on voulait présenter une suite ininterrompue de rois et de princes, mais comme il manquait un certain nombre de statues qui avaient été brisées, on se servit de celles qu'on avait en double pour remplacer les absents ; ceci donna lieu à quelques curieuses substitutions, et les élèves de l'École des beaux-arts qui allèrent se documenter à Saint-Denis sur les caractères de la physionomie des princes en vue des compositions possibles des différents concours, commirent des erreurs dont vraisemblablement personne ne s'aperçut. Les élèves devinrent maîtres à leur tour, et c'est ainsi que bon nombre de célèbres tableaux historiques sont fort suspects quant au visage qu'ils prêtent aux souverains les plus fameux.

Il en fut des tombeaux comme des statues : les débris, de taille assez respectable, servirent à en confectionner jusqu'à trois petits. Quand le tombeau manquait, les restaurateurs ne se montraient point embarrassés : on fabriquait l'absent avec des débris venant d'autels, de retables, voire d'arcatures. Ces messieurs n'avaient même pas le mérite d'être des novateurs ; le conservateur, puis administrateur du Musée des monuments français, avait procédé de cette façon dans l'arrangement des collections ; mais il était pénétré d'un tel culte pour les choses du passé qu'on ne saurait lui en vouloir. En 1846, Viollet-le-Duc rétablit les monuments dans l'église à leurs places primitives, avec leurs décorations originales; ce fut un travail admirable, autant par la patience déployée que par le résultat obtenu.

Le bombardement de Saint-Denis, du 23 au 26 janvier 1871, causa beaucoup de dégâts dans la basilique ; ils ont, heureusement, pu être réparés.

**

La façade de la basilique mesure 33^m,50, y compris les contreforts des faces latérales.

La longueur est de 108^m,16.

Dans le bâtiment, la plus grande largeur est de 37 mètres ; l'élévation sous la clef de voûte est de 28^m,92 ; la hauteur des plus grandes fenêtres est de 10^m,52 ; la longueur totale de la nef est de 65^m,57 ; la largeur de la nef centrale est de 11^m,65, celle des bas-côtés de 4^m,95 ; la hauteur de la tour du midi, de 58^m,13.

La façade ouest n'est restée que fort peu ce qu'elle était au temps où la basilique fut réédifiée par Suger. Lorsqu'elle fut construite, 1137 à 1140, le style roman avait encore le pas sur le style ogival, qui se formait à peine, et le frontispice en porte la trace. Aux trois portails, les sculptures et les vantaux sont modernes et rappellent peu l'architecture du XIIe siècle. A l'origine, il n'y avait pas de bas-relief au tympan de la porte gauche : Suger, suivant la tradition romane, y plaça une mosaïque provenant de la cathédrale carlovingienne. Les parapets terminant la façade sont du XIIe siècle, mais les créneaux qu'ils portent datent seulement du XVe ; on ne sait si c'est là une réparation ou une addition. La rosace, qu'on a convertie en horloge, ce qui est une utilisation barbare, date du XIIIe siècle, de même que le pignon de la nef et ses rosaces qui sont visibles au second plan, derrière la plate-forme. La tour de droite est pleinement romane, sauf la balustrade toutefois. La tour de gauche portait jadis une flèche de 86 mètres, elle était à ogive. Cette flèche, qui était fameuse, fut frappée de la foudre en 1837 ; on la reconstruisit, mais si mal, qu'il fallut la démolir ainsi que la tour jusqu'au niveau du toit de la nef. Par la disparition de la flèche, il est évident que l'aspect extérieur de la basilique a beaucoup perdu en majesté.

Une inscription moderne en vers, mais copiée sur une inscription ancienne, apprend au visiteur que Suger, abbé de Saint-Denis, fut le constructeur d'une première basilique dont la consécration prit place en 1140. Il subsiste des vestiges de la basilique carlovingienne due à Pépin le Bref, aux murs latéraux des trois premières travées de la nef formant porche. La nef a sept travées, le style ogival y est aussi avancé qu'à Amiens. La galerie du triforium est partout à jour et vitrée.

La première travée du chœur se rétrécit pour se raccorder aux travées suivantes d'une largeur moindre, car pour les établir, on s'est servi de fondations de la basilique de Suger. Le rond-point, avec six chapelles en hémicycle, est de l'avis des archéologues et architectes les plus qualifiés, comme la première tentative complète de l'art ogival. Cette partie, consacrée en 1144, présente des analogies avec la même partie de la cathédrale de Noyon.

Les croisillons, flanqués de collatéraux, ont de belles façades du XIIIe siècle, avec deux tours inachevées. L'église, dans le principe, devait avoir six tours, plus une aiguille centrale, comme celle de Notre-Dame de Paris. La porte du croisillon du nord et les statues qui l'ornent remontent à Suger, à l'exception des archivoltes toutefois. La rosace qui la surmonte, de même que celle de la porte du croisillon sud, sont considérées comme des spécimens excellents du style ogival primitif.

Dans la nef, à la septième travée de droite, et à gauche à la sixième chapelle, commence la série des tombeaux des rois de France et des membres de leurs familles, inhumés à Saint-Denis.

La Maison d'éducation de la Légion d'honneur

Les bâtiments affectés jadis à l'abbaye sont devenus depuis le premier Empire la Maison d'éducation de la Légion d'honneur de Saint-Denis. Le lecteur aimera peut-être à trouver ici quelques détails sur les maisons d'éducation de notre ordre national.

Il est bon de dire de suite que la première maison d'éducation de la Légion d'honneur fut celle d'Écouen, fondée en 1806. L'Empereur nomma comme directrice, on ne disait pas encore intendante, Mme Campan, née Jeanne-Louise-Henriette Genêt, qu'il avait connue par l'impératrice Joséphine, dont la fille Hortense de Beauharnais avait été élève du pensionnat de Mme Campan à Saint-Germain-en-Laye. L'Empereur déjà, avant la fondation de la maison d'Écouen, avait

à bien des reprises consulté Mme Campan sur les questions d'éducation et d'instruction des jeunes filles, car,
étant Premier Consul, il avait, au cours de ses visites à
Saint-Germain, pu juger de l'excellente tenue de la
maison de Mme Campan. Ce fut Mme Campan qui établit
le plan d'études qui, adopté par l'Empereur, fut toujours
suivi dans les maisons d'éducation de la *Légion d'honneur;* des modifications de détails furent seulement
apportées pour tenir ce programme au courant des progrès de l'enseignement.

Par décret du 25 mars 1809, l'ancienne abbaye de
Saint-Denis, y compris ses jardins et ses dépendances,
mais à l'exception des bâtiments dits « du Trésor »,
furent remis à la grande chancellerie de la Légion d'honneur pour y établir une seconde maison d'éducation.
Le 29 mars 1809 un nouveau décret ordonnait l'organisation de deux maisons et fixait à 300 élèves, gratuites et payantes, l'effectif réglementaire. Par le même
décret il fut décidé que les directrices prendraient le
nom d'intendantes.

Le 16 décembre 1809, la reine Hortense, l'ancienne
élève de Mme Campan à Saint-Germain, fut nommée
protectrice des maisons qui se nommèrent désormais
« Impériales-Napoléon ».

Le 16 novembre 1810, la baronne du Bouzet, inspectrice à Écouen, était investie des fonctions de surintendante de Saint-Denis et Mme Campan devenait surintendante d'Écouen.

Par une ordonnance du 31 juillet 1814, le gouverne-
ment de la Restauration ferme la maison d'Écouen et
décide la réunion des élèves qu'elle contenait à celle de
Saint-Denis.

Lorsque Napoléon revint de l'île d'Elbe, un de ses
soins fut de rendre, par décret du 14 avril 1815, le château d'Écouen à la Légion d'honneur.

A la seconde Restauration, le château fut de nouveau
remis aux princes de Condé. Une ordonnance royale
du 16 mai 1816 réorganisa la maison de Saint-Denis,
celle des Loges (dans la forêt de Saint-Germain), et

4

celle qui était rue Barbette, au Marais, en donnant aux deux dernières le nom qu'elles ont toujours porté depuis, de « Succursales de la maison de Saint-Denis ».

Après la Révolution de 1830, la Légion d'honneur engagea un procès contre la succession du prince de Condé ; elle obtint gain de cause : le château d'Écouen redevint sa propriété ; à cette époque tout ce qui n'était pas Bourbon-Orléans ne bénéficiait pas précisément de faveurs. La Légion d'honneur n'eut sans doute pas grand'peine à obtenir ce qu'elle demandait.

Ce n'est qu'en 1850, en vertu d'une loi du 29 juillet, que la succursale de la rue Barbette, à Paris, fut transportée au château d'Écouen. Dès lors, les trois maisons d'éducation de l'ordre n'ont pas cessé de fonctionner à Saint-Denis, à Écouen et aux Loges.

La maison de Saint-Denis (il en est de même pour les autres) est placée sous l'autorité et la haute surveillance du Grand Chancelier. Une surintendante la dirige (Écouen et les Loges n'ont qu'une intendante) ; la surintendante est secondée par une inspectrice et cinq dames dignitaires. Le personnel de la maison compte en plus : 10 institutrices, 10 suppléantes, 20 stagiaires, 6 maîtresses de dessin, 10 maîtresses de musique, 3 dames chargées de la lingerie, de l'infirmerie, de la pharmacie, 1 économe. Il y a, en outre, 12 professeurs externes enseignant la musique, l'accompagnement, le dessin, le paysage, les fleurs, l'anglais, l'histoire et la géographie, la littérature, les mathématiques, la physique, la chimie, la danse et la gymnastique. Les services religieux sont assurés par des ministres des différents cultes. Des médecins sont attachés à l'établissement.

La surintendante de la maison de Saint-Denis a également sous son autorité les deux succursales d'Écouen et des Loges, qu'elle visite au moins deux fois par an.

Les maisons d'éducation de la Légion d'honneur ont un conseil d'administration ; celui de la maison de Saint-Denis est ainsi composé : la surintendante, l'inspectrice, les dames dignitaires.

**
* **

Le portail monumental de l'établissement s'ouvre sur la rue de la Légion d'honneur, les bâtiments qui l'entourent étaient au temps des derniers religieux, la demeure du courtillier et de l'official. Derrière le portail se trouve une cour d'honneur en demi-cercle garnie de pelouses et d'arbustes, enserrant à gauche les parloirs, à droite le logement des jardiniers.

La façade, percée de baies larges et nombreuses, domine la cour d'honneur. Au centre, on trouve le vestibule, de forme octogonale, ornée de trois statues : Henri IV par Brun ; Saint Louis et Jeanne d'Arc par Chatrousse. Ce vestibule sert à la réception des hauts personnages qui visitent la maison et ont droit à des honneurs spéciaux. Ce vestibule sert aussi de salle de bal, car on danse à Saint-Denis, et c'est merveille de voir Mesdemoiselles les élèves et Mesdames les stagiaires y rivaliser d'entrain juvénile aux jours de réjouissances. Au fond du vestibule s'ouvre le cloître, de forme carrée, dont les arcades à plein cintre entourent une cour. Chaque galerie à 69 mètres de long sur 5m,40 de large, avec 14 travées. En 1816, une croix avait été plantée, en souvenir de la mission prêchée par l'abbé de Ranzau, supérieur des missions de France. Cette croix fut ultérieurement transférée au cimetière de la maison.

A gauche du vestibule sont les appartements de Mme la surintendante, les salons de réception ; à droite sont les cuisines.

De trois angles du cloître partent de grands escaliers qui mènent à l'étage supérieur.

Le réfectoire, qui est le même qu'au temps des Bénédictins, et qui est de taille remarquable, occupe un des côtés du cloître ; pour se faire une idée de sa taille il suffira de dire que les élèves y tiennent très à l'aise.

Le côté opposé du cloître est occupé par les ateliers de dessin ; le côté qui fait face à l'entrée contient la pharmacie et la salle de gymnastique. Cette dernière était, au temps des Bénédictins, la chapelle Sainte-Catherine ; huit piliers la coupaient en deux, deux grandes verrières donnaient de la lumière.

La chapelle fut transférée, en 1828, dans la salle des gardes ; à cause de l'humidité, elle y est encore actuellement. En 1830, on restaura l'ancienne chapelle ; en 1846 on l'exhaussa d'un étage ; le rez-de-chaussée devint un gymnase ; l'étage supérieur, l'infirmerie des élèves.

La chapelle actuelle n'a pour ornement qu'un groupe en marbre « la Pitié » : c'est le sculpteur Pradier qui l'offrit à la maison le jour de la première communion de sa fille qui était élève. Le vestibule de la chapelle contient, depuis peu d'ailleurs, quatre statues qui sont celles de Blanche de Castille, par Astruc ; Marguerite de Valois, par Gauquié ; Mme de Sévigné, par Massoulle ; Mme Roland, par Carlier.

L'escalier des dortoirs est fermé par une grille, forgée par un Bénédictin, le frère Denis, elle est considérée comme une bonne œuvre de ferronnerie. On transforma facilement les cellules des moines en dortoirs.

Au premier étage, il y a quelques logements de dames, la lingerie, l'infirmerie. Au deuxième étage, sont les classes, quelques logements de dames et la salle de musique. Aux murs, des dessins d'élèves sont exposés ; dans la salle, quarante pianos sont alignés.

Le parc qui entoure la maison a 28 hectares de superficie, un petit ruisseau l'arrose, le Croult. Dans une partie du parc a été installé un jardin potager qui fournit les légumes nécessaires à l'alimentation des élèves.

Au milieu de la partie du parc réservée aux récréations des élèves, on voit la statue de Bayard, par Croisy.

Près de la chapelle, un vaste bâtiment a été élevé, les distributions de prix y ont lieu, ainsi que les concerts. Lorsque le temps ne permet pas aux élèves d'aller dans le parc, c'est dans ce bâtiment, transformé en préau, qu'a lieu la récréation.

*
* *

C'est pour les filles des membres de la Légion d'honneur que sont établies les maisons d'éducation, et le décret du 29 mars 1809 a nettement spécifié les conditions d'admission.

Les élèves entretenues par la Légion d'honneur doivent être filles ou sœurs de membres de l'Ordre. Les élèves payantes doivent être filles, sœurs, nièces ou cousines germaines de légionnaires.

Par décret du 12 mars 1831, les filles de membres de l'*Ordre de la Réunion* étaient reçues dans les maisons de Saint-Denis et d'Écouen, mais aux frais de leur famille.

La Restauration restreignit le droit d'admission aux filles de membres de la Légion d'honneur.

A partir de 1821, l'admission à Saint-Denis fut réservée aux filles des membres de l'Ordre ayant le grade d'officier supérieur ou exerçant une fonction civile équivalente.

En principe, les filles des membres de l'Ordre étaient toutes élevées aux frais de la Légion d'honneur.

En 1808, l'Empereur fit payer à l'admission 400 francs, comme remboursement de la valeur du trousseau, et chaque année, une somme de 400 francs pour constituer une dot à l'élève au jour où elle quittait la maison, ses études terminées.

En 1809, lors de la fondation de Saint-Denis, les élèves furent partagées en trois catégories : 1° élèves gratuites dont la pension était entièrement acquittée par la Légion d'honneur ; 2° pensionnaires à demi-pension, pour lesquelles la famille payait 500 francs, le reste était à la charge de la Légion d'honneur ; 3° les pensionnaires pour lesquelles la famille versait 1.000 francs.

Les parents des élèves gratuites et des pensionnaires à demi-pension étaient tenus de payer annuellement au trésor de l'Ordre une somme de 400 fr. qui devait servir à l'achat d'une inscription sur le Grand-Livre au taux de 5 p. 100. Le capital avec les intérêts de la somme, accumulés pendant dix ans, étaient versés à l'élève à sa sortie de la maison.

Les pensionnaires dont la pension était réglée par leur famille ne faisaient pas ce versement.

A la Restauration en 1816, il y avait à Saint-Denis 200 élèves gratuites et 100 élèves payantes. L'Ordre payait 800 francs par an et par élève. Les élèves payantes versaient 1.000 francs ; pension payable par trimestre et d'avance.

A l'admission, il y avait pour toutes les élèves un versement de 400 francs pour le remboursement du trousseau.

En 1857, la valeur du trousseau fut ramenée à 300 francs, le prix de la pension à 900 francs ; les élèves payantes furent réduites à cinquante.

Un décret de 1879, encore en vigueur, a augmenté ce chiffre de 25, ce qui donne avec les élèves gratuites, un total de 475 élèves.

Le prix de la pension a été relevé à 1.000 francs, le remboursement du trousseau est de 300 francs. Pension payable par trimestre et d'avance.

300 francs en octobre, 300 francs en janvier; 400 francs en avril.

Depuis 1809, les règlements des maisons d'éducation de la Légion d'honneur obligent les parents des élèves payantes à fournir la caution d'une personne solvable qui s'engage à payer la pension et garantit les paiements réguliers des termes fixés.

Par les statuts de 1821 et 1857, c'est cette personne, connue de l'administration, qui devait payer la pension ; on évitait ainsi des rapports pénibles avec la famille au cas où celle-ci eût trouvé matières à discussion dans le règlement des comptes. Actuellement, ce sont les parents qui règlent eux-même le dû, mais on est toujours tenu de fournir la caution d'une personne solvable.

Pour être admise, une élève devait avoir sept ans accomplis et au plus dix ans, d'après le décret du 24 frimaire an XIV. En 1809, la minimun pour l'âge d'entrée n'est pas maintenu mais, le maximun pour l'âge de sortie est dix-huit ans.

A la première Restauration, il faut avoir huit ans pour entrer, et à dix-huit ans il faut sortir. En 1816, on abaisse l'âge d'entrée à six ans, l'âge de sortie ne variait pas.

En 1857, l'admission est possible de neuf à onze ans ; cette clause fut en vigueur jusqu'en 1898 où la limite maxima fut reculée jusqu'à douze ans, la limite minima restant la même.

Jusqu'en 1881, la sortie était fixée à dix-huit ans ; à cette époque, le règlement porte que la sortie devait avoir lieu après sept ans d'études. Un huitième année est accordée pour la préparation du brevet supérieur. Les élèves sont admises après examen.

Les élèves de Saint-Denis ne vont pas en promenade, le parc est à leur disposition pour y prendre l'air ; d'ailleurs, il en est mieux ainsi, les rues étroites de la ville de Saint-Denis, avec les tramways électriques, seraient dangereuses pour une colonne d'élèves en promenade.

L'entrée des parloirs est fort rigoureuse. Ce n'est qu'en 1875 que, sur décision du Grand Chancelier, il fut accordé, en dehors de la permission permanente des père et mère, tuteur et tutrice, des permissions valables plusieurs fois à d'autres membres de la famille.

Depuis 1881, chaque famille a droit, sur la demande écrite du père et de la mère, et sur l'approbation de la Grande Chancellerie, à 15 permissions de parloir. Les permissions sont permanentes et valables pour toute la durée du séjour de l'élève dans l'établissement.

*
* *

Lorsque, par le chemin de fer, on franchit le canal de Saint-Denis, en sortant de la gare, ou quand, à pied, on suit le canal jusqu'à l'endroit où il débouche dans la Seine, sur la rive gauche du grand bief, le sixième et dernier, on aperçoit de hauts bâtiments à toitures vitrées qui bordent le chemin de halage, une haute mâture mire ses deux montants dans le miroir des eaux calmes du canal, une locomotive de manutention laisse entendre comme la respiration d'un travailleur qui cherche à reprendre haleine après un effort ; ces bâtiments empanachés de fumée noire, d'où la vapeur s'échappe en sifflant sont l'établissement de Saint-Denis de la *Société anonyme des ateliers et chantiers de la Loire.*

Avant de donner une description de cet établissement si actif, il n'est pas inutile de renseigner le lecteur sur cette importante Société dont la notoriété est universelle dans les ministères de la marine, chez les armateurs et dans les compagnies de navigation.

La Société anonyme des ateliers et chantiers de la Loire, dont le siège social est à Paris a été constituée au mois d'avril 1881.

De la date de sa fondation jusqu'à 1910, époque où fut arrêtée une statistique générale, il est sorti de ses divers établissements un total de 415 coques de bâtiments, donnant un déplacement global de 792.000 tonneaux, et 326 moteurs, une puissance totale de 67.000 chevaux indiqués. Indépendamment de ce qui précède, les établissements de la Société ont exécuté d'autres travaux, tant pour l'État que pour l'industrie privée, sous forme de ponts, d'estacades, de charpentes métalliques, de locomotives, de locomobiles, de chaudières, d'affûts pour l'artillerie, de pièces de forge et de fonderie et d'autres articles qu'il serait trop long de détailler ici.

Les commandes passées jusqu'à 1910 par la Société se montent à la somme respectable de 520.000.000 fr. (520 millions).

Si l'on songe que la Société n'avait alors que vingt-neuf ans d'existence, cela fait presque 17 millions par an — ce qui est une moyenne respectable — mais en réalité ces dernières années le chiffre de production s'est élevé à 25 millions.

La société possède trois établissements : deux sont appropriés à la construction des navires : ce sont ceux de Nantes et de Saint-Nazaire ; le troisième, à Saint-Denis, s'occupe plus spécialement de la fabrication des machines de marine, des locomotives et des affûts pour l'artillerie, mais elle a fabriqué des torpilleurs de côtes, des chaloupes porte-torpilles et des canonnières démontables pour les colonies. Les deux autres établissements ont également construit des machines pour les vaisseaux. La superficie totale est de 236.200 mètres carrés, dont 67.350 mètres sont occupés par les ateliers ou bâtiments divers. L'outillage tenu au niveau de tous les progrès les plus récents est actionné par une force motrice totale de 2.700 chevaux ; le personnel ouvrier se monte à 6.500 ouvriers, population égale à celle de bien des sous-préfectures et non des moindres.

L'établissement de Saint-Denis est plus spécialement consacré à la construction des machines. Il a son origine dans les établissements Claparède, rachetés lors de la fondation de la *Société des ateliers et chantiers de la Loire*. La surface de l'enclave située entre le canal de Saint-Denis et la Seine est de 23.700 mètres carrés ; les bâtiments en occupent 15.350. Une station cen-

trale électrique distribue lumière et énergie motrice
partout où il en est besoin.

L'établissement de Saint-Denis collabore fréquemment avec celui de Saint-Nazaire pour la construction des cuirassés. Saint-Denis confectionne les pièces détachées, Saint-Nazaire assemble, monte et construit les coques ; Saint-Denis travaille aussi pour les arsenaux sur les plans des ingénieurs de l'État. A Saint-Denis, il existe également un atelier pour les turbines. C'est également là que sont construites les tourelles pour cuirassés et les affûts des pièces ; un atelier a été spécialement équipé pour ce genre de travail : 1910 y a vu faire les tourelles du *Condorcet*.

Les travaux les plus célèbres de l'établissement de Saint-Denis, comme appareils moteurs, sont les machines du *Forbin* et du *Surcouf*, d'une force de 6.000 chevaux ; celles du *Dupuy-de-Lôme* (14.000 chevaux) ; du *Masséna* (17.000) ; du *Guichen* (25.500) ; du *Desaix* (17.000) ; du *Gueydon* (19.600) ; de la *Marseillaise* (20.500) ; de l'*Amiral-Aube* (20.500), de la *République* (17.500), de l'*Azuma* (13.000 chevaux) ; du *Gaulois* (14.500) et de la *Liberté* (18.000).

L'établissement de Saint-Denis fournit également des moteurs à graissage sous pression destinés aux submersibles, des moteurs à combustion interne système Diesel à 2 et à 4 temps, des groupes électrogènes, des compresseurs d'air, des ventilateurs, des tubes lance-torpilles aériens et sous-marins. Tout ce qui précède n'absorbe pas l'activité de l'établissement de Saint-Denis, car il produit en même temps, pour l'industrie, des machines-outils, des laminoirs, des groupes électrogènes mus par la vapeur, ou des moteurs du type Diesel, des chaudières de tous modèles, des locomotives avec tenders, des locomobiles. Une station centrale de force

motrice distribue 700 chevaux dans tout l'établissement qu'occupent 1200 hommes.

On se souvient certainement d'avoir vu, amarrés
dans le bief du canal au pied de l'usine, des torpilleurs
de côtes dans l'uniforme gris-bleu pâle adopté pour eux ;
ils donnaient à Saint-Denis un apparence de port de
guerre dont les habitants n'étaient pas peu satisfaits.

UN COIN DES JARDINS DU CASINO ET L'HÔTEL DES QUATRE PAVILLONS.

ENGHIEN

Situation géographique

Population. — Climat

Enghien est situé à 12 kilomètres au nord de Paris, dans une vallée qui s'étend depuis le contrefort formé par les coteaux de Montmorency et se continue au sud et à l'est, jusqu'à la Seine, jusqu'aux collines de Sannois et d'Argenteuil, à l'ouest.

La ville est à 44 mètres au-dessus du niveau de la Seine.

La population, qui est de 5 000 habitants pendant l'hiver, atteint pendant la saison une moyenne de 10 000 habitants.

Le climat d'Enghien est très agréable, les

LE CASINO D'ENGHIEN VU DU LAC.

buttes d'Orgemont abritant la ville des vents
du sud-ouest et les coteaux de Montmorency
des vents du nord.

Les travaux du Dr Perrochet, médecin à Montmorency, du Dr de Puisaye et du Dr Feugier
ont établi scientifiquement la remarquable salu-
brité d'Enghien. La mortalité y est très faible :
14 p. 1000, alors que la mortalité en moyenne de la
France est de 20 et celle de Paris de 24 p. 1000.

* *
*

Entre les coteaux de Montmorency et les
collines de Sannois, s'ouvre une admirable vallée.
Un lac aux contours sinueux, aux bords couverts
d'arbres, en occupe une partie ; vaste lac que des
ruisseaux aux eaux chantantes et mille petites
sources alimentent.

Il était jadis connu sous le nom d'Étang de
Montmorency. Les rives en étaient sauvages,
couvertes de joncs et d'herbes aquatiques ; les
rares chemins qui le bordaient se trouvaient

presque chaque année envahis par les eaux et impraticables. Nulle maison : point d'autre bruit que le tic-tac monotone d'un vieux moulin endommagé au cours des siècles par les pluies.

Vers la bonde du lac, entre des pièces de bois et des pierres, naît un ruisseau, mince cours d'eau qui emplit l'air d'une forte odeur et que les gens du pays ont baptisé : « le Ruisseau puant ».

Il advient qu'un jour de l'année 1776 le Père Cotte, prêtre de l'Oratoire de Montmorency et physicien habile, observe l'eau de ce ruisseau et l'analyse. Point de doute, c'est une source sulfureuse dont l'action ne peut manquer d'être des plus actives. Le Père Cotte la recommande à divers malades ; il observe les effets de la cure et, sûr enfin des bons résultats qu'on en peut attendre, charge son ami, l'abbé Nollet, d'entretenir l'Académie des sciences de sa découverte. L'illustre chimiste Macquer, dans le rapport dont il est chargé par l'Académie, confirme la thèse du Père Cotte. De ce jour la source sulfureuse d'Enghien entre dans l'arsenal thérapeutique .

A dire vrai la station thermale est d'abord tout à fait modeste. Le Vieillard, qui déjà exploite les eaux ferrugineuses de Passy, a obtenu du prince de Condé la concession de la source et des terrains voisins (1781) et fait construire un bassin voûté pour recevoir les eaux; quelques maisons se sont élevées aux bords du lac où des malades viennent prendre des bains. Le nombre des visiteurs augmente, attirés par la publicité que la découverte d'une nouvelle source, les travaux de Fourcroy, de Vauquelin et de Delaporte qui viennent de publier l'analyse des eaux d'Enghien et d'en vanter la valeur curative (1788) ont fait à cette

LE JARDIN DES ROSES.

source. La Révolution brise l'essor que la station thermale allait prendre. Quand s'achève l'épopée impériale, la voûte qui protégeait la Source s'est écroulée, les herbes l'ont envahie, l'oubli s'est fait sur les cures obtenues par les eaux d'Enghien.

Sous la Restauration, la paix enfin rétablie, l'administrateur général de l'hôpital Saint-Louis, Péligot, se prend d'enthousiasme pour les eaux d'Enghien. Il entend donner à cette station un développement digne d'elle. Sa fortune lui permet de faire grand. Ayant racheté la concession de Le Vieillard, acquis du comte de Luçay la jouissance du lac, de divers propriétaires toute la rive qui avoisine la source, mis à découvert une source nouvelle, Péligot fait édifier une rotonde pour les malades venus boire les eaux et un établissement thermal comportant vingt-huit cabines. Le Dr Alibert, à qui avaient été confiées les fonctions d'inspecteur médical des eaux d'Enghien, en conseilla l'usage au roi Louis XVIII alors tout à fait podagre (1821). L'excellent effet qu'en obtient Sa Majesté assure la renommée naissante des eaux d'Enghien. Les malades viennent nombreux.

La révolution de 1830 réduit à néant tant d'utiles efforts. Péligot, plus qu'à demi ruiné, doit céder terrains, sources, établissement à la *Caisse hypothécaire* (mai 1832). La nouvelle société, décidée à rétablir la source d'Enghien, fait appel au concours de praticiens éminents : le Dr Bouland, le Dr Rayer et le Dr Brett. Les sources sont visitées, le Dr Bouland en découvre une nouvelle, on règle leur débit, l'emploi thérapeutique des eaux est étudié avec soin. Les Drs de Puisaye et Lecomte résument toutes ces richesses

d'observation médicale dans une remarquable
étude.

Le succès d'Enghien est allé grandissant quand
la consécration officielle lui vient. Le 18 juillet
1865 un décret déclare les eaux d'Enghien d'utilité publique.

Déjà nombre de villas ont été édifiées sur les
rives du lac, une clientèle chaque année plus
nombreuse a pris l'habitude d'y venir passer
les mois d'été. En communication rapide avec
Paris, Enghien est devenu un but d'excursion.

Les Parisiens se montrent avec curiosité les
maisons d'Émile de Girardin, de Villemessant,
ces rois du journalisme, et sous les arbres les
demeures coquettes d'actrices et de demi-
mondaines. Il n'est pas alors de villégiature plus
parisienne. A l'autre bout du lac, à Saint-Gratien,
la princesse Mathilde et sa cour d'artistes et
d'écrivains ont créé un centre d'attraction pour
la cour des Tuileries. Déjà des souvenirs et des
légendes, datant de la première fortune d'Enghien,
ont cours. Voilà sur le lac la barque aux grandes
ailes blanches d'Isabey, qui lui a survécu, et
voici le logis de Talma et la chambre où Alexandre
Dumas écrivit les *Trois Mousquetaires*.

A vrai dire, la Société des eaux minérales dirigée
par M. de Montry a fait royalement les choses.
L'hôtel des Quatre-Pavillons, le parc de Windsor
avaient été bâtis ou aménagés par ses soins ; en
1866 un nouvel établissement thermal, pourvu des
derniers perfectionnements et pour lequel on
dépensa sans compter, avait été édifié.

La grande prospérité à laquelle M. de Montry
avait amené Enghien sombra dans le désastre
national de 1870. La *Société des thermes* qui en

1868 avait, au prix de deux millions, acheté les droits de M. de Montry, lutta vainement pendant plusieurs années pour relever les ruines de l'année terrible : elle était mise en faillite en 1875.

Une nouvelle société, dite des eaux d'Enghien-les-Bains, connut pendant vingt ans les pires vicissitudes. Son passif s'élevait à plus de 600.000 francs quand, en 1895, elle fut rachetée par MM. Weil et Mouttriers qui formèrent la *Société d'exploitation des eaux et thermes d'Enghien-les-Bains.*

Le Casino est rasé et reconstruit en entier, suivant le goût moderne, une salle de spectacle et un théâtre ingénieusement combinés donnent enfin toute satisfaction aux baigneurs et promeneurs ; la lumière électrique est répandue à profusion, on fait la toilette du lac et, chose moins visible mais bien plus importante, toutes les sources sont minutieusement vidées, recaptées, nettoyées et surveillées étroitement.

« La canalisation ancienne est remplacée, toutes les pompes, chaudières, machines à vapeur, etc., font place aux appareils les plus perfectionnés ; enfin un nouvel établissement, spécial à l'hydrothérapie, est construit dans le parc, laissant ainsi libres, dans l'ancien établissement, de vastes espaces qu'on s'empresse d'utiliser pour l'agrandissement et le perfectionnement du traitement des inhalations sulfureuses (1) ».

Dès lors la vogue d'Enghien est inouïe, plusieurs millions de visiteurs s'y pressent chaque année. L'agrandissement des jardins, l'achat de l'ancien castel de Villemessant, la reconstruction du théâtre et du casino bâti sur un

---

(1) *Les Thermes d'Enghien*, par Lecomte-Denis, E Hallé et le Dr Hélary.

L'EMBARCADÈRE DES CANOTS.

plan magnifique et qui étage le long du lac ses
balcons et ses terrasses, font d'Enghien une des
stations les plus célèbres du monde. A dire vrai
le lac offre les jours de fête un spectacle féerique.
Sur les eaux se balancent en longue file des gon-
doles pavoisées que des projections électriques
colorent de mille feux, que des orchestres, des
groupes chanteurs montent, et du lac s'élève
une musique qui semble divine, tour à tour
lointaine et qui soudain éclate en fanfare dans la
pluie d'étincelles de pièces d'artifice où se joue
l'art et la fantaisie pyrotechnique de la maison
Ruggieri.

Maison GYPPS

Léo De Lepierre

TAILLEUR

UN DES SALONS DE LA MAISON « GYPPS »

55, Boulevard Haussmann, 55

PARIS

Robes ◇ Manteaux ◇ Lingerie
COSTUMES TAILLEUR

CRÉATION DE LA MAISON SENANGE

PAUL SENANGE

5, Rue Godot=de=Mauroy
Près la Madeleine ⌀ Télép. central 17-52

⌀ ⌀ PARIS ⌀ ⌀

UN COIN DU LAC D'ENGHIEN.

Renseignements Utiles

Commissariat de police, 17 bis, rue Mora. — M. BARILLAUD, *commissaire ;* M. CABANNES, *secrétaire ;* CRINON, *sous-brigadier ;* 10 agents.

Municipalité. — M. le Dr HÉLARY, maire ; MM. LEFÈVRE, adjoint ; MEURIOT, adjoint.

Conseillers municipaux.—MM. WEBER, MORIN, MOUCHET, OLIVIER, MOULIN, GAY, LUCAS, BONNET, VALENIN, JOULIN, JOANNET, MASSÉ, BOUCHÉ, HALLÉ, BURGER.

Médecins, consultant à l'Établissement thermal. — M. le Dr BEYRAND. — Mme la Doctoresse DELARUELLE-KOWNER. — M. le Dr HÉLARY. — M. le Dr SAURY. — M. le Dr THIBOUT. — M. le Dr WEILL-SPIRE.

Pharmaciens. — HALLÉ, LACOMME, MARÉCHAL, CHALHOUB.

Principaux Hôtels. — Hôtel des Bains ; Hôtel des Quatre-Pavillons ; Hôtel d'Enghien ; Hôtel Beauséjour ; Hôtel de la Paix ; Modern Hôtel.

Agences de location. — Vve ÉCORCHEVILLE, LAGRANGE, MORIN, PEROTTI, RODE, SCHOLTZ (Moritz).

Garage d'automobiles et de bicyclettes. — A côté de l'Établissement thermal : Fosse de nettoyage. Atelier de réparations. Station de charge électrique.

Postes et Télégraphes

BUREAUX, rue de Mora. Boîte à l'Établissement thermal. Ouverts, du 1er mars au 1er novembre, à 7 heures du matin; fermés toute l'année à 9 heures du soir.

Heures des levées. — 1re à 9 h. 45 du matin ; 2e à 11 h. 50 du matin ; 3e à 1 heure du soir ; 4e à 4 h. 40 du soir ; 5e à 10 heures.

Distributions. — 1re à 7 heures du matin ; 2e à 10 h. 30 du matin ; 3e à 2 h. 30 du soir : 4e à 7 h. 30 du soir.

Cabines téléphoniques. — A l'Établissement thermal ; à la Poste ; à la Gare.

Cultes

Église Saint-Joseph, rue de l'Église et rue de Mora ; Temple protestant, route de Saint-Leu, 155 ; Synagogue, route de Malleville, 47.

Voitures de place (Station à la Gare).

TARIF MUNICIPAL

Prix de la course : 1 fr. 25. — Prix de l'heure : *en semaine* : 2 fr. 50. — *Dimanches et fêtes* : 3 francs.

Promenades en forêt (*prix à débattre*).

Tramway de Paris-Trinité à Enghien

Durée du trajet : 1 heure.

Départs : *en semaine* : tous les quarts d'heure, de 6 h. 25 du matin à 11 h. 15 du soir ; *le diman-*

che : toutes les 6 minutes, de 6 heures du matin à minuit.

Prix du billet simple : 1re classe, 0 fr. 70 ; 2e classe, 0 fr. 45.

Enghien-Paris. — Toutes les 20 minutes jusqu'à 11 h. 50 et les jours de théâtre au Casino, tramway spécial pour Paris à minuit 30.

CORRESPONDANCES. — A *Saint-Denis* (carrefour) avec le tramway Porte Ornano-Cimetière parisien.

A *Saint-Ouen* avec les tramways de la Madeleine et Neuilly-Porte-Maillot.

Nota : Les voyageurs du tramway Paris à Enghien changent de voiture à Enghien pour Montmorency.

LAC D'ENGHIEN

TARIF DES

Promenades en Bateau

A L'HEURE

La semaine, une Personne : **2** francs
Chaque Personne en plus : **0** fr. **50** centimes

Les Dimanches et Jours de Fête :
Une Personne : **2** fr. **50**
Chaque Personne en plus : **0** fr. **40** centimes

AVEC OU SANS MARINIER

Toute personne effectuant une promenade en bateau et qui ne serait pas accompagnée d'un marinier sera responsable des dégâts occasionnés par elle.

Chaque aviron cassé sera payé **10** francs
Chaque tollet perdu sera payé **3** francs

Les promeneurs sont priés de se tenir à 15 mètres de distance des propriétés et d'éviter toute contestation avec les propriétaires riverains.

Défense de passer sous les ponts.

Défense de débarquer dans l'île, ni dans aucune propriété, sous peine de poursuites.

LES JARDINS DE L'ÉTABLISSEMENT THERMAL.

Les Distractions d'Enghien

LE PARC DE L'ÉTABLISSEMENT THERMAL

L'Établissement thermal et son annexe, ainsi que la Buvette, s'élèvent au milieu d'un vaste parc, complètement entouré de grilles, et dont les pelouses et les corbeilles de fleurs font l'admiration de tous les visiteurs.

Deux jeux de *Tennis* sont installés dans la partie la plus ombragée et sont le rendez-vous, tous les matins, de la société élégante.

L'Hôtel des Bains se trouve également dans le parc et à quelques mètres seulement de l'Établissement thermal.

LE CASINO

En face du Parc de l'Établissement, dont il est séparé par la Grande-Rue, s'élève, sur le bord du lac, le Grand Casino.

Le Casino a été complètement reconstruit en 1907 et en 1908. Les différentes salles, conçues dans le style Louis XVI le plus pur et prenant toutes vue sur le lac, font l'admiration de tous les visiteurs. Il renferme les Salons de Lecture et de Jeux, la Salle des Fêtes, le Grand Hall-Promenoir, le Cercle.

Au premier étage, se trouvent les Restaurants du Casino et du Cercle dont les terrasses surplombent le lac. La cuisine y est exquise, le service parfait, et on a l'illusion de dîner sur l'eau en embrassant à la ronde le magnifique panorama du lac, les coteaux de Montmorency et d'Andilly, et les hautes futaies des parcs de Saint-Gratien.

Adossé au Casino, se trouve le Théâtre où se font entendre les meilleurs artistes parisiens.

Les après-midi du dimanche et du jeudi sont consacrés aux enfants pour qui les distractions abondent : Guignols, Farandoles, Bals (sous la direction d'un professeur de danse).

Le dimanche soir, grand bal avec orchestre de 30 musiciens.

LE JARDIN DES ROSES

Le Jardin des Roses précède le Casino et permet de longues flâneries au bord du lac. Deux concerts y sont donnés chaque jour, l'après-midi, de 4 à 6 heures, et le soir, de 9 à 11 heures.

LE CASINO : L'ENTRÉE DU THÉATRE

LE LAC

Le lac, d'une étendue de 43 hectares et de 5 kilomètres de tour, est entouré d'une ceinture de villas et de châteaux.

Une flottille de bateaux est à la disposition des promeneurs, qui peuvent aussi se livrer aux douceurs de la pêche.

Chaque année, des fêtes nombreuses sont données sur le lac : *Régates à l'aviron et à la voile ; Matchs de Water-Polo ; Joutes Lyonnaises*, et, le soir, *Feux d'artifices et Fêtes Vénitiennes*, pour lesquelles les riverains rivalisent, entre eux, pour la décoration et l'illumination de leurs parcs et de leurs bateaux.

LE TOUR DU LAC

Le Tour du Lac est l'une des promenades favorites des baigneurs.

TARIFS DU CASINO ET DU THÉATRE

Les cartes de traitement général à l'Établissement thermal donnent droit : *à l'entrée gratuite des Jardins du Casino, des Bals, Salons de lecture et Salles de jeux.*

Prix d'entrée au Jardin des Roses et au Casino, 1 franc par personne. Il est délivré des *Carnets de vingt entrées*, au prix de 15 francs.

LE CASINO : SALON DE LECTURE.

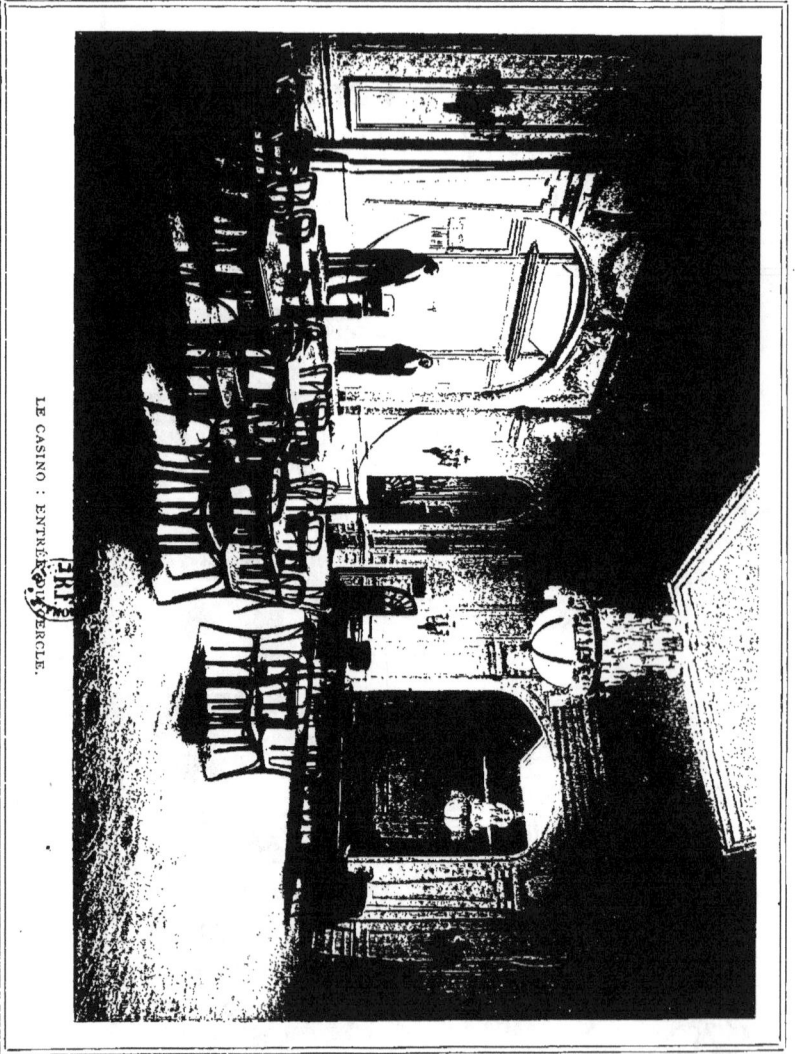

LE CASINO : ENTRÉE DU CERCLE.

ENGHIEN : MONUMENT DE L'ABBÉ COTTE.

LE CASINO : SALON DE LECTURE DU CERCLE.

LE CASINO : SALLE DE JEU.

CARTES D'ABONNEMENT AU CASINO

Un mois : Une personne, 20 francs ; deux personnes, 30 francs ; trois personnes, 35 francs ; quatre personnes, 40 francs.

Deux mois : Une personne, 30 francs ; deux personnes, 40 francs ; trois personnes, 45 francs ; quatre personnes, 50 francs (5 francs par personne en plus).

Saison : Une personne, 45 francs ; deux personnes, 60 francs ; trois personnes, 70 francs, quatre personnes, 80 francs (10 francs par personne en plus).

LE CASINO : GALERIE DU CERCLE.

LISTE DES ABONNÉS

au Téléphone

(Réseau d'Enghien)

149 ABRAND Jules, dentiste, 10, rue du Casino.

54 AGENCE DE LOCATION (A. Clément), 29, rue de l'Arrivée.

160   —   (H. Laurent), 27, rue de l'Arrivée.

112 AGENCE DU NORD (Perrotti), agence de location, 2, rue du Casino.

159 AGENCE RÉGIONALE, agence de location, 28, Grande-Rue.

144 AGENCE PILLOT, agence de location, 21, rue de l'Arrivée.

10 ALATERRE, propriétaire, 7, rue Pasteur.

227 AVELINE et Cⁱᵉ, tapissiers, 12, Grande-Rue.

178 ARRIGONI, loueur de voitures, 6, rue Mora.

191 BACH, 99, Grande-Rue.

36 BANCELIN, 79, avenue Ceinture.

223 BARRELET, 14, boulevard d'Enghien.

147 BEAUMONT, 17, rue Saint-Charles.

77 BASSET, café, 83, Grande-Rue.

299 BEER, 1, avenue Victor-Hugo, Soisy.

49 BERGER et DOUVILLE, vétérinaires, 109, route de Saint-Leu.

242 BERNHEIM, 6, avenue des Acacias, Montmorency.

29 BERNOT Frères, charbons, 58, Grande-Rue.

56 BERNOT Frères (chantiers), 40, rue du Départ.

114 BEYRAND, docteur, 59, Grande-Rue.

244 BINE, 37, rue de l'Arrivée.

135 BOISSIER, Grande-Rue, 95 bis (Pension de famille).

90 BLANC, poissons, 39, Grande-Rue.

63 BLUM, 19, rue Mora.

148 BLUM et BLOCH, bouchers, 21, Grande-Rue.

97 BONNET, 5, rue des Thermes.

233 BORDES Fernande, artiste, 8, avenue Mathilde.

176 BORGHANS, 58, boulevard Cotte.

221 BOURGIN, épicier, 31, Grande-Rue.

47 BOUTET, serrurier, 9 *bis*, rue de l'Eglise.

86 BOUVERNE, boulanger, 44, Grande-Rue.

55 BRASSERIE DE LA PAIX, 50 et 52, Grande-Rue.

173 BRESSOUX, propriétaire (villa Charlotte), 76, rue du Départ.

164 BRIEUSSEL, menuisier, 20, rue Pasteur.

94 BRINQUANT, propriétaire, 11, Grande-Rue.

84 BURGASSER, pianos, 17, boulevard Carnot.

79 CAILLAULT, café Terminus, 7, boulevard d'Argenteuil, Epinay.

59 CAMOUS, hôtel des Bains, 85, Grande-Rue.

42 CARRÉ, extincteurs, 5, rue de la Barre.

169 CASTEL, électricien, Grande-Rue.

182 CHALOUB, pharmacien, 8, place du Marché.

75 CHARTIER, 24, boulevard d'Enghien.

187 CHASSAGNE, plombier, 38, boulevard d'Argenteuil, à Epinay.

66 CHATAIGNER, direct^r de l'*Echo d'Enghien*, 9 bis, rue de Plaisance.

129 CHAUVIN, ingénieur, 8, boulevard d'Enghien

83 CHERONNET, boulanger, 56, Grande-Rue.

40 CHEVILLARD, 118, route de Saint-Leu.

9 CHOISELAT, hôtel des 4-Pavillons, 64, Grande-Rue.

28 CHOLLET, café, 97, Grande-Rue.

93 COMMISSARIAT DE POLICE, 17, rue Mora (M. Barillaud, commissaire de police).

65 COMPTOIR D'ESCOMPTE, 47, Grande-Rue.

225 COQUET Anatole, 7, rue du Casino.

82 COUARD, marbrier, 9, rue Louis-Delamarre.

220 COUDRAY, 110, rue de Saint-Leu, Montmorency.

71 DAUBENDIS, pâtissier, 60, Grande-Rue.

181 DEGRÉMONT, 75, boulevard Cotte.

45 DEHAULON, couverture, 7, rue Blanche.

189 DEHEN, café, 1, rue du Chemin-de-Fer.

190 DEICHMANN, 54, rue Chevalier, à Montmorency.

236 DEYNA Henri, vins en gros, 10, avenue d'Enghien.

70 DOLLEY, laiterie, 37, boulevard d'Argenteuil.

33 DROINET, bois, 61, route de Saint-Leu.

230 DUBOUCHET, avenue Gavignot, 30, Soisy.

30 DUFAYEL, 15, Grande-Rue.

188 ELECTRIQUE DE MONTMORENCY, 3 bis, rue de l'Arrivée.

46 EMILE, restaurateur, 70, Grande-Rue.

48 FARÉ, vétérinaire, 46, boulevard d'Ormesson.

60 FÉLIX, automobiles, 18, Grande-Rue.

252 FOSSÉ, épicier, 69, Grande-Rue.

238 FOUCHÉ, 18, avenue Barbe-Bleue, Saint-Gratien.

53 FOURNET, café, 66, Grande-Rue.

115 FRAPPART, nourrisseur, 38, avenue de Labarre.

72 FRÉNÉA, boucher, 49, Grande-Rue.

78 FREMAUX, 48, boulevard Ormesson.

17 FROMENT, loueur de voitures, rue de la Pointe-Raquet, Soisy.

157 GALLIBERT, architecte, 31, rue de l'Arrivée.

15 GARE D'ENGHIEN-LES-BAINS (cabine).

11 GARNIER, distillateur, 14, rue du Casino.

ø ø ROBES ET MANTEAUX ø ø **WITTE** PARIS : 130, AVENUE VICTOR-HUGO
LINGERIE, AMAZONES, FOURRURES MENTON : 10, AVENUE FÉLIX-FAURE

TAILLEUR POUR DAMES
MANTEAUX — FOURRURES

168 GÉNIN (Mme Léonic), 15, avenue Jeanne, Soisy.

119 GENTIS, avenue Questroy.

110 GEORGES, restaurateur, 51, avenue de Soisy, Saint-Gratien.

163 GÉRARD, marchand de tableaux.

240 GERKE, 6, villa de la Croix-Blanche.

23 GOIFFON, 33, avenue de Ceinture.

136 GOLESCÉANO, docteur, 59, avenue Gavignot, Soisy.

232 GONARD, banquier, avenue des Courses, 18, Soisy.

99 GOUVERNEUR, directeur de Théâtre, 1, rue de l'Arrivée.

67 GRENÉE, Hôtel Beauséjour, 32, Grande-Rue.

68 GRUET, pâtissier, 65, Grande-Rue.

38 GUTSCHENRITTER, directeur au Crédit Lyonnais, 41, avenue de Ceinture.

8 HALLÉ, pharmacien, 85, Grande-Rue.

120 HANNIER, primeurs, 25, Grande-Rue.

124 HAUQUELIN, déménageur, 9, Grande-Rue.

165 HEIMERDINGER, rue de Paris, 62, Montmorency.

98 HÉLARY, docteur, 46, Grande-Rue.

69 HÉRODIER, briquetier, 94, route de Saint-Leu.

52 HÉROUARD, plombier, 157, route de Saint-Leu.

16 HEYCKE, 5, avenue Mathilde, Saint-Gratien.

177 HOLZBACHER, 75, rue de Paris, Montmorency.

59 HOTEL DES BAINS (Camous), 85, Grande-Rue.

43 HÔTEL D'ENGHIEN (Naudin), 73, Grande-Rue.

39 INFIRMIERS DE SAINTE-CAMILLE, 89, Grande-Rue.

167 JOANNET, capitaine de vaisseau, avenue Girardin.

118 JOULIN, grains et charbons, 38, rue du Départ.

241 JOULIN, restaurant du Cygne d'Enghien.

30 JUILLARD, café, 18, rue du Départ.

229 KATZ, 184, route de Saint-Leu, Montmorency.

61 KISSING (Walter), 179 route de Saint-Leu.

121 KLEIN, représentant de forges, 60, avenue de Ceinture.

116 KURSAAL, 52, Grande-Rue.

73 LACOMME, pharmacien, 4, rue du Départ.

183 LANDAIS, restaurateur, 2, Grande-Rue.

193 LANDRIEU Pierre, 16, rue des Alouettes, Montmorency.

92 LAPOSTOLLE, propriétaire, 19, avenue de Ceinture.

123 LAUNOIS, Hôtel du Progrès, 15, rue de l'Église.

127 LAURENT, menuisier, 51, Grande-Rue.

124 LECONTE Denis, ingénieur des Mines, 57, boulevard Cotte.

171 LEFÈVRE, voiturier, 35, boulevard d'Argenteuil.

155 LEFÈVRE Victor, chocolat, avenue Marguerite, Soisy.

166 LEGRAND, café, 25, rue de l'Arrivée.

192 LERÉ (Mme V^e), avenue de Ceinture, 35.

111 LESIEUR, 18, rue du Casino.

224 LÉVI Ernest, avenue de Ceinture, 7 et 9.

185 Lévy Bernard, rentier, 31, rue Chevalier-Montmorency.
170 Liernur, ingénieur, 89 bis, Grande-Rue.
89 Lizet, restaurant, 20, rue du Départ.
128 Loupot, jarretelles, 15, rue de l'Arrivée.
57 Madeline, administrateur du *Matin*, 53, avenue Gavignot, Soisy.
64 Maechler, architecte, 29, rue des Thermes.
14 Mairie d'Enghien, 57, Grande-Rue.
13 Vᵉ Mantois, 31, rue de l'Arrivée.
108 Marchenoir, restaurateur, route de Pontoise, Epinay.
62 Maréchal, pharmacien, 23, Grande-Rue.
130 Marti, brasserie Guillaume-Tell, 48, Grande-Rue.
194 Maurer et Cⁱᵉ. rue du Départ, 44.
101 Mauron, fabricant de peignes, 12, avenue Gavignot, Soisy.
184 Ménard (Dranem), artiste lyrique, 106, avenue de Ceinture, Saint-Gratien.
102 Meyer, toiles cirées, 23, avenue de Ceinture.
125 Miège, architecte, rue de Puisaye, 10.
80 Moirand, libraire, 51, Grande-Rue.
186 Moos, rentier, 11, rue de l'Arrivée.
153 Moret, 11 *bis*, avenue de Ceinture.
81 Morin (Agence de location), 2, rue du Chemin-de-Fer.
74 Mouthon, homme de lettres, 39, avenue de Ceinture.
139 Lucia Müller, artiste lyrique, 11, avenue de Ceinture.
152 Negresco, restaurant du Casino, avenue de Ceinture.
175 Neu, 5, avenue de Ceinture.
105 Nicolas, vins, 37, Grande-Rue.
150 Nicolet, architecte, 21, Grande-Rue.
107 Obissier, M., chef du Ministère des Travaux Publics, 14, boulevard Cotte.
107 Parenteau Noémie, même adresse.
104 Paris-Sport, chemin des Courses, à Saint-Gratien.
146 Parmentier, 18, boulevard d'Enghien.
58 Patenôtre-Desnoyers, couvreur, 27, Grande-Rue.
117 Peignet, maçon, 17, boulevard d'Enghien.
27 Perquel, agent de change, 58, rue de Paris, Montmorency.
243 Petit, 8, rue Péligot.
34 Petitdidier, 4, boulevard d'Enghien.
41 Philippon (vᵉ), 5, rue du Casino.
228 Pichereau, Entrepôt Brasserie des Moulineaux, rue de Saint-Gratien.
87 Pompes Funèbres, 23, Grande-Rue.
245 Poch, 76, rue de Paris, à Montmorency.
239 Prunet, avocat-conseil, administrateur d'immeubles, 5, rue Beauséjour.

ALICE MORIN

✧ MODES ✧

8, rue du
Quatre - Septembre

près la place
de l'Opéra

PARIS

113 REBOUX, boucher, 75, Grande-Rue.

154 RENAULT, 32, avenue de Ceinture.

141 REVEILLARD, publiciste, 37, avenue de Ceinture.

156 REVON, imprimeur, 16, boulevard d'Enghien.

26 ROBERT, négociant en bois, 4, rue de l'Arrivée.

196 ROBERT, 19, boulevard d'Ormesson.

179 ROBERT MITCHELL, ancien député.

138 ROCHE, ingénieur, 37, boulevard Sadi-Carnot.

237 RUPPERT, restaurant-café, 32, boulevard d'Ormesson.

126 SAINTILLIER, café, 1, rue de l'Arrivée

235 SALEM, 32, boulevard Carnot.

106 SAUDIAN, serrurerie, 16, rue de Labarre.

100 SCHLOSSER, autos, 79, Grande-Rue.

122 SCHMIDT, villa Paula, 4, avenue Victor-Hugo.

103 SEGAUST, 71, avenue de Ceinture.

51 SEVRAIN, 58, boulevard d'Ormesson.

18 SOCIÉTÉ DES THERMES, administration et bureau.

19   —   établissement thermal.

20   —   cercle du Casino.

21   —   théâtre.

22   —   restaurant.

134   —   économat.

142 SOCIÉTÉ D'ECLAIRAGE, CHAUFFAGE, FORCE MOTRICE, 1, rue de l'Arrivée.

109 SOCIÉTÉ GÉNÉRALE, 18, Grande-Rue.

12 SOCIÉTÉ SPORTIVE D'ENCOURAGEMENT, Champ de Courses.

31 SPEYER, représentant, 15, rue Saint-Charles.

32 STEIMER, tissage mécanique, 68, Grande-Rue.

172 TAILLAN, négociant en vins, 27 bis, boulevard Cotte.

231 THIESSARD-MILINAIRE (René), entrepreneur de travaux publics, route de Saint-Leu, 120, Montmorency.

226 THIBOUT, docteur, rue de Plaisance, 4.

88 THION, architecte, 43, Grande-Rue.

145 THOREL, auteur dramatique, 15, rue du Chemin-de-Fer.

162 THUAU, propriétaire, 7, boulevard d'Enghien.

37 TIBLE, tapissier, 37, Grande-Rue.

96 TONNEL, 17, avenue de Ceinture.

174 TOUTÉE, lingerie, 11, rue de Mora.

24 VALTEAU, 1, place de l'Église.

91 VAN PRAAG, 18, avenue de Ceinture.

44 VERNHOLES, architecte, 4, rue des Thermes.

222 WEIL Lucien, rue de Paris, 71, Montmorency.

131 WEILL Spire, docteur, 18 bis, rue Mora.

234 WHEELOCK, boulevard Cotte, 67.

LISTE DES RUES D'ENGHIEN

ABREUVOIR. — De la rue des Thermes à l'Abreuvoir.

ALIBERT (ancienne rue des Marronniers) (*Médecin inspecteur des Eaux d'Enghien ; ordonna avec le Baron Portal, les eaux d'Enghien au roi Louis XVIII*). — De la rue de Labarre à la rue des Pères.

ARRIVÉE (de l'). —-De la Grande-Rue à l'avenue de Ceinture par la gare.

BEAUSÉJOUR (avenue). — De l'avenue de Ceinture au pont Gavignot.

BLANCHE (*lieudit de la Croix-Blanche*). — De la rue du Chemin-de-Fer à la Grande-Rue.

CALLOT (du Commandant) (*Commandant du Pluviôse, mort dans la catastrophe en 1910*). — De la rue Paul-Delinge à la rue des Thermes.

CARLIER (*bienfaiteur d'Enghien*). — De la route de Saint-Leu à la rue du Départ.

CARNOT (boulevard Sadi) (*Président de la République assassiné à Lyon par Caserio*). — De la rue Pasteur à la rue de Labarre.

CASINO (*ancienne rue du Nord*). — De la Gare à l'avenue de Ceinture, près le Casino Municipal.

CEINTURE ((avenue de) (*Ceinture du Lac*). — De la Grande-Rue au boulevard d'Enghien.

CEINTURE (impasse). — Dans l'avenue de Ceinture.

CHEMIN-DE-FER. — De la rue de l'Arrivée à la route de Saint-Leu.

CHEMIN-VERT (impasse) (*lieudit*) à la route de Saint-Leu.

COTTE (boulevard) (*Louis Cotte, oratorien, découvrit les sources sulfureuses d'Enghien en 1766*). — De la Grande-Rue à la rue des Pères.

COUSSAYE (de la) (*bienfaiteur d'Enghien, institua le legs annuel de 1.322 francs pour une rosière*). — De la Grande-Rue vers Epinay.

CURSAY (de) (*premier maire d'Enghien*). — De la rue des Thermes à la rue de la Coussaye.

DELAMARRE (Louis) (*bienfaiteur de l'Hospice de Montmorency et de Soisy qui possède la moitié de la rue*). — Longe le Cimetière d'Enghien.

DELAYE (*propriétaire du sol*). — Du boulevard d'Enghien à la rue du Moulin.

DELINGE (Paul) (*officier de marine mort dans la catastrophe de « la Bourgogne » en* 1898). — Du boulevard Cotte à la rue de Labarre.

DÉPART (du). — De la Grande-Rue vers Soisy par la gare.

CROIX-BLANCHE (villa) (*lieudit*). — De la rue du Départ à la route de Saint-Leu.

ÉCOLES (allée des). — Du boulevard d'Ormesson au Sentier latéral, derrière les Ecoles.

ÉGLISE (de l'). — Du boulevard d'Ormesson à l'Église.

ENFERS (sentier des) (*lieudit*). — Du boulevard Carnot au boulevard Cotte.

ENGHIEN (boulevard d'). — De la Grande-Rue à l'avenue de Ceinture vers Epinay.

ENGHIEN (avenue d'). — De la Grande-Rue vers Epinay.

FÉLIX-FAURE (*Président de la République*). — De la rue Pasteur au boulevard Carnot.

GAMBETTA (*célèbre homme d'Etat*). — Du boulevard Carnot à la rue des Thermes.

GIRARDIN (avenue Emile de) (*célèbre publiciste, conseiller municipal d'Enghien*). — De la Grande-Rue à la rue de Cursay.

GRANDE-RUE. — Traverse tout Enghien, de la limite de Montmorency à la limite d'Epinay.

HAUSSAIRE (*propriétaire du sol*). — De la rue Jules-Ferry à la route de Saint-Leu.

JULES-FERRY (*célèbre homme d'Etat*). — De la rue Carlier à la rue Péligot.

LABARRE (*ancien hameau*). — De la rue des Thermes à la halte de Labarre.

LATÉRAL (sentier). — Longe le chemin de fer de l'allée des Ecoles à la halte et rue de Labarre.

LIÈVRES (sentier). — De la rue Félix-Faure au sentier Latéral.

CRÉATION DE

Marguerite Pégourier

MODES

31, avenue Rapp, PARIS

MALLEVILLE (Marquise de) (*propriétaire du sol*). — Du boulevard d'Ormesson à la rue de la Coussaye.

MALLEVILLE (villa). — Du boulevard d'Ormesson à la rue Malleville.

MARCHÉ (place du) *où se tient le marché des mardis et samedis*). — Du boulevard d'Ormesson à la rue Pasteur.

MESSENIE (villa) (*propriétaire du sol*). — Rue Carlier.

MORA (Moreno de) (*bienfaitrice d'Enghien*). — De l'avenue de Ceinture à l'Église.

MOULIN (du) (*ancien chemin de Saint-Gratien au moulin d'Enghien*). — De la Grande-Rue vers Saint-Gratien.

NOTRE-DAME (villa). — Rue de Malleville au boulevard d'Ormesson.

ORMESSON (boulevard d') (*ancien hameau*). — De la Grande-Rue, pont du chemin de fer, au boulevard Cotte.

PASTEUR (*célèbre savant*). — Du boulevard Cotte au sentier latéral, derrière la place du Marché.

PÉLIGOT (*créateur d'Enghien et du premier établissement thermal*). — De la rue du Départ à la rue Jules-Ferry.

PÈRES (des) (*ouverte dans les terres des Pères d'Ormesson*). — De la rue Alibert au chemin de fer, halte de Labarre.

PILLOY (Mᵐᵉ) (*ancienne actrice, dite Alice Ozy, bienfaitrice d'Enghien*). — De la rue de l'Arrivée à l'avenue de Ceinture.

PLAISANCE (de). — De l'avenue de Ceinture à la Grande-Rue (Mairie).

PORTAL (du Docteur) (ancienne rue du Château) (*célèbre médecin du Roi Louis XVIII auquel il ordonna les Eaux d'Enghien*). — De la rue des Pères à la rue de Labarre.

PUISAYE (de) (*inspecteur des Thermes et bienfaiteur d'Enghien*). — De la rue Malleville à la rue de la Coussaye.

QUESTORY (avenue de) (*propriétaire du sol*). — De la rue des Thermes vers Ormesson.

REISET (avenue de) (*ancien maire d'Enghien*). — Du boulevard d'Enghien à la rue du Moulin.

ROBIN (Jules) (ancienne rue Marcel-André) (*ancien maire d'Enghien*). — De la rue de Labarre à la rue des Pères.

Le Charme féminin par l'hygiène

Lutter contre la vieillesse par l'hygiène, sans avoir recours aux fards qui sont la déchéance de l'épiderme à bref délai, est une des conditions essentielles à la Beauté du teint.

Toute femme, désireuse de rester jeune, devra supprimer l'usage des fards, lesquels obstruent les pores et par consé-quent, empêchant certaines fonctions indispensables, don-nent souvent de l'empoisonnement en occasionnant de l'inflammation sous-cutanée

Les fards peuvent être remplacés par une lotion hygié-

SABLONS (sente des) (*lieudit*). — Boulevard Cotte.

SAINT-CHARLES. — De la rue de l'Arrivée à la route de Saint-Leu.

SAINT-LEU (*ville voisine*). —De la limite de Soisy à la limite de Deuil (la moitié de la route appartient à Montmorency).

SAINT-LOUIS. — De la rue du Chemin-de-Fer à la rue du Temple.

TEMPLE (du) (*Temple protestant*). — De la route de Saint-Leu à la rue du Départ.

TEMPLE (passage du). — De la rue du Temple à la rue Jules-Ferry.

THERMES (*longe les Thermes d'Enghien*). — De la Grande-Rue à la rue de Labarre.

VILLEBOIS-MAREUIL (*officier français tué pour les Boers dans la guerre du Transvaal*). — De la rue de Labarre à la rue des Pères.

WALDECK-ROUSSEAU (*homme politique*). — De la route de Saint-Leu à la rue Jules-Ferry.

---

nique, astringente ou émolliente, selon l'état de l'épiderme, laquelle aidant au bon fonctionnement, donne de l'éclat au teint.

Parlons aussi des rides et surtout des rides précoces, qu'on aperçoit, hélas! trop fréquemment, sur le visage de toutes jeunes femmes. Pour les éviter, veillons attentivement à la digestion, évitons les mouvements irritables, ayons les sentiments doux et généreux.

Toutefois lorsque ces rides apparaissent, plutôt que de les dissimuler sous un cosmétique quelconque qui ne fait que de les accroître, soignez-vous, mesdames, ainsi que le faisaient les femmes romaines et grecques, et qui ont su conserver la Beauté à un âge très avancé, en appliquant le soir sur les rides et en laissant pendant la nuit une huile préparée à base de plantes végétales et d'herbes aromatiques; — l'huile ainsi préparée donne des résultats merveilleux. Par l'hygiène, non seulement on peut retarder la vieillesse, mais en ayant une peau veloutée et un joli teint, acquérir la séduction et le charme.

Tous ces produits: lotions hygiéniques, etc., etc., sont préparés et vendus par *Le Charme Féminin*, 267, rue Saint-Honoré, Paris. Consultations gratuites. Téléphone, Louvre 0,95. — *Les dames seules sont reçues.*

Voilà ! Voilà ! la **BÉNÉDICTINE**
la grande liqueur française !

Le MUSÉE et la DISTILLERIE de la BÉNÉDICTINE sont visibles tous les jours
de 9 h. à midi et de 2 h. à 5 h. En hiver, les Dimanches et Fêtes exceptés.

LE CASINO. — RESTAURANT.

THÉATRE

PRIX DES PLACES

Loge de rez-de-chaussée (4, 5 et 6 places), *la place.*	3 »
Loge de balcon (4, 5 et 6 places), *la place.* . . .	3 »
Fauteuil d'orchestre avancé	3 »
Fauteuil d'orchestre.	2 »
Stalle d'orchestre.	1 »
Promenoir	» 50

ABONNEMENT MENSUEL

Loge quatre places	140 »
— cinq places.	150 »
— six places	160 »
Fauteuil d'orchestre avancé.	40 »
Fauteuil d'orchestre	25 »

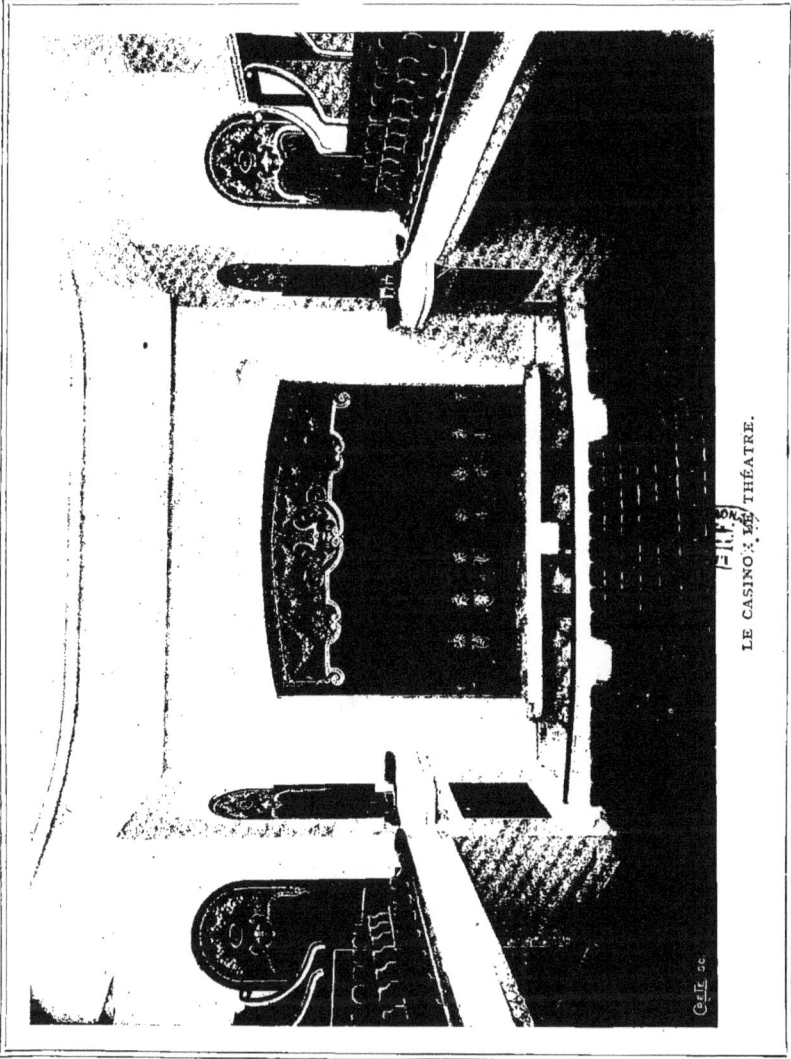

LE CASINO : LE THÉÂTRE.

HALL DE L'ÉTABLISSEMENT THERMAL.

Sources d'Enghien

Du Roy (anciennement Cotte), découverte en 1776 par COTTE.

Deyeux (anciennement Fourcroy), découverte en 1776 par FOURCROY.

Péligot, découverte en 1822 par PÉLIGOT.

Bouland, découverte en 1835 par BOULAND.

De la Pêcherie, Fourcroy, Vauquelin, découvertes en 1841 par CONSTANTIN.

Du Lac, découverte en 1861 par FRANÇOIS.

Du Nord découverte en 1862 par DE MONTRY.

Des Roses, découverte en 1863 par DE MONTRY.

Coquil nos 1, 2, 3, découvertes en 1863 par COQUIL.

Du Bousquet, découverte en 1864 par DU BOUS-QUET.

X..., découverte en 1897 par LECOMTE-DENIS.

Toutes ces sources sont autorisées par décret d'utilité publique et arrêtés ministériels (1866-1867).

8

Maladies soignées aux Eaux d'Enghien

Maladies des voies respiratoires : Amygdalites. Angines chroniques. Laryngites. Bronchites. Catarrhes et pleurites sèches. Emphysème pulmonaire. Asthme.

Maladies générales : Tuberculoses. Chlorose. Syphilis. Rhumatisme. Dermatites. Névroses.

Maladies du nez et des oreilles.

Maladies particulières à l'enfance : coqueluche, etc.

ÉTABLISSEMENT THERMAL	1re CLASSE comprenant : Robe de chambre, Peignoir toile et deux serviettes.			2e CLASSE comprenant deux serviettes.
	Le cachet.	Par 11.	Par 21.	Le cachet.
BAINS				
Bain sulfureux............	3 »	2 80	2 65	2 40
— avec douche laryngienne	3 70	3 50	3 30	3 »
Bain sulfureux avec douche laryngienne et grande douche..	4 80	4 60	4 30	4 »
Bain sulfureux avec grande douche en cabine...........	4 20	4 »	3 80	3 50
Bain sulfur. chauffé à la vapeur.	3 70	3 50	3 30	»
Bain sulfur. avec douche utérine.	4 »	3 85	3 70	»
Bain d'eau douce	1 »	» 90	» 70	» 70
Bain sulfureux à eau courante en piscine.................	3 50	3 35	3 20	»
Bain sulfureux en piscine, avec douche......	4 50	4 35	4 10	»
Bain sulfureux en piscine, avec douche et massage..........	5 50	5 20	4 90	»
Bain hydro-électrique avec douche, 1 fr. 20 de supplément..	3 »	2 80	»	»
Bain électro-sulfureux avec douche, 1 fr. 20 de supplément..	4 »	3 75	»	»
Bain de vapeurs sulfur. en caisse.	3 50	3 25	3 »	»
Bain de lumière.....	10 »	8 »	»	»
DOUCHES				
Douche sulfureuse chaude, froide. écossaise............	3 10	2 90	2 76	»
Douche sulfureuse nasale, pharyngienne, buccale, utérine..	1 50	1 40	1 30	»
Inhalation en brouillard (y compris l'habillement, manteau et souliers caoutchouc.......	2 25	2 10	2 »	»
Pulvérisation..................	1 50	1 35	1 25	»
Massage.....................	3 50	»	»	»
Salon de repos................	» 50	»	»	»

TRAITEMENT GÉNÉRAL, valable **30 jours**, 1re classe
(sauf les massages), **120** fr.

(Donne droit à l'entrée du Casino)

Les carnets de tickets ne sont valables que pendant une saison. Dans aucun cas, les tickets non utilisés ne seront repris.

ÉTABLISSEMENT D'HYDROTHÉRAPIE	PRIX		
	Le cachet.	Par 11.	Par 21.
Douche simple ou écossaise — en jet ou en pluie — en flots — en gouttes — en lames — du rachis — verticale ou horizontale. La séance donnant droit à la piscine..........................	1 50	1 40	1 30
Piscine. Saison 5o francs..............	1 »	0 75	»
Bain de vapeur en caisse..............	2 80	2 70	2 60
Douche de vapeur....................	1 80	1 70	1 60
Massage sous la douche..............	4 75	4 50	4 25
— (la séance)..................	3 50	3 25	3 »

ACCESSOIRES

Son et Carbonate..... » 50 | Amidon et Gélatine... » 70

LINGE SUPPLÉMENTAIRE

Serviette............. » 10 | Robe de chambre..... » 30
Peignoir toile........ » 25 | Fond de bain........ » 30

SOURCES	PRIX
Le verre...	» 10
Abonnement d'un mois.............................	5 »
REMPLISSAGE. { le litre.............................	» 60
la bouteille 3/4 ou 8o centilitres...	» 45
— 1/2 ou 40 — ...	» 30
— 1/4 ou 20 — ...	» 20
BOUTEILLES { la bouteille 3/4 ou 8o — ...	» 70
capsulées. — 1/2 ou 40 — ...	» 60
— 1/4 ou 20 — ...	» 50

PASTILLES SULFUREUSES D'ENGHIEN

La boîte...	2 »

EXPÉDITION DES BOUTEILLES CAPSULÉES

(LIVRAISON MINIMUM DE 25 BOUTEILLES)

Caisse de 25 bout. 3/4. **17 50** | Caisse de 5o bout. 1/2. **30** »
— 5o bout. 3/4. **35** » | — 25 bout. 1/4. **12 50**
— 25 bout. 1/2. **15** » | — 5o bout. 1/4. **25** »

PRIX GARE ENGHIEN

En sus de ces prix, 2 francs pour la caisse et l'emballage.

Livraison franco domicile dans PARIS.

JARDIN DE L'ÉTABLISSEMENT THERMAL : LE TENNIS

LE CASINO : SALLE DE RESTAURANT.

Promenades et moyens de Transport

SAINT-GRATIEN : Parcs et jardins. Châteaux de Catinat et de la princesse Mathilde. Église et tombeau de Catinat (*Voir page* 103).

Prix en voiture : 1 fr. 50.

ÉPINAY. — Château du roi Don François d'Assise (*Voir page* 115). Tramway ou chemin de fer (en voiture : 2 francs).

ARGENTEUIL ET SANNOIS. — Vues sur Paris, Saint-Cloud et les coteaux de Montmorency. Moulins d'Orgemont. Chemin de fer. En voiture : 2 fr. 50.

SAINT-DENIS. — Basilique. Maison de la Légion d'honneur (*Voir page* 34). Tramway ou chemin de fer, voitures.

MONTMORENCY. — Ermitage de Rousseau. (*Voir page* 7). Châtaigneraie. La forêt. Tramway ou chemin de fer. En voiture : 2 fr. 50. (Pour les promenades en forêt, prix à débattre.)

SAINT-LEU.- - Monument des princes de Condé. Tombeaux des Bonaparte (*Voir page* 131). Chemin de fer (Enghien à Saint-Leu, 16 minutes).

Excursions

D'Enghien, en une journée, il est facile, grâce aux lignes Paris-Pontoise et Paris-Creil, qui passent à Enghien, de visiter :

Pontoise et ses monuments.

Saint-Ouen-l'Aumône et les ruines de l'abbaye de Maubuisson.

Les bords de l'Oise (Conflans-Sainte-Honorine, Andrézy, Triel, Valmondois, Isle-Adam, Parmain, Beaumont-sur-Oise).

La forêt de l'Isle-Adam et l'abbaye du Val.

COURSES D'ENGHIEN

Courues sous les auspices de la

SOCIÉTÉ SPORTIVE D'ENCOURAGEMENT

4, rue Halévy, Paris (IXᵉ)

Téléphone 226-95

COMITÉ DE LA SOCIÉTÉ SPORTIVE
D'ENCOURAGEMENT.

Président : M. Robert Papin.

Membres : MM. Henry Adam, Paul Bajac, A. Bardy, Edmond Blanc, Ernest Caron, le Baron M. Foäche, le Vicomte G. de Fontarce, Pierre Gelez, le Marquis de Nieuil, A. de Rollepot.

Secrétaire général : M. Gilbert Pégand.
Secrétaire adjoint : M. A. Ledieu.

1913

ENGHIEN

DATES DES COURSES POUR 1913

approuvées par M. le Ministre de l'Agriculture.

Samedi	22 Février		Mardi	17 Juin
Vendredi	28 —		Mardi	16 Septembre
Mardi	4 Mars		Mardi	7 Octobre
Samedi	8 —		Mardi	18 Novembre
Mardi	29 Avril		Mardi	25 —
Samedi	31 Mai			

HIPPODROME D'ENGHIEN

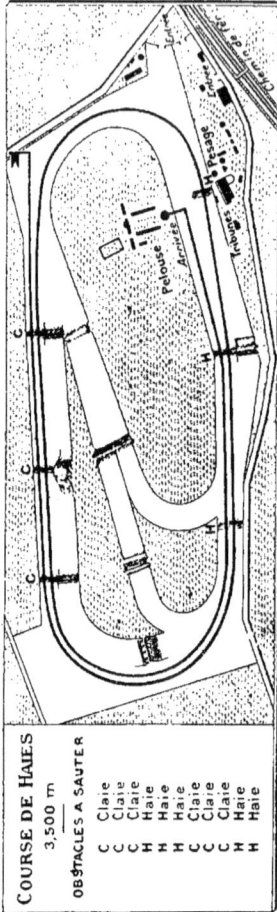

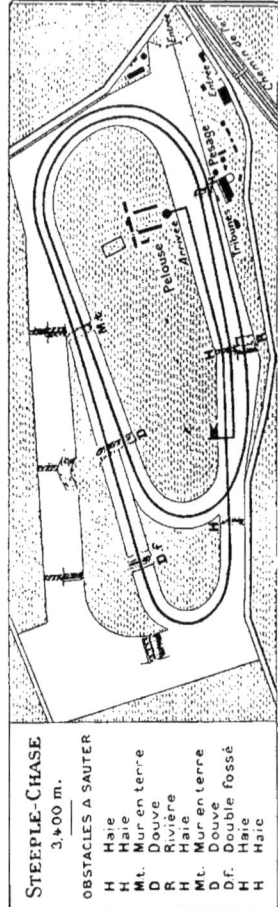

COURSE DE HAIES
3.500 m

OBSTACLES A SAUTER

C	Claie
C	Claie
C	Claie
H	Haie
H	Haie
H	Haie
C	Claie
C	Claie
C	Claie
H	Haie
H	Haie

HIPPODROME D'ENGHIEN

STEEPLE-CHASE
3.400 m.

OBSTACLES A SAUTER

H	Haie
H	Haie
Mt.	Mur en terre
D	Douve
R	Rivière
H	Haie
Mt.	Mur en terre
D	Douve
D.f.	Double fossé
H	Haie
H	Haie

SOCIÉTÉ SPORTIVE D'ENCOURAGEMENT

SAINT-OUEN

DATES DES COURSES POUR 1913

approuvées par M. le Ministre de l'Agriculture.

Mardi	25 Février		Lundi	10 Mars
Samedi	1er Mars		Samedi	22 —
Vendredi	7 —		Vendredi	28 —

HIPPODROME DE SAINT-OUEN

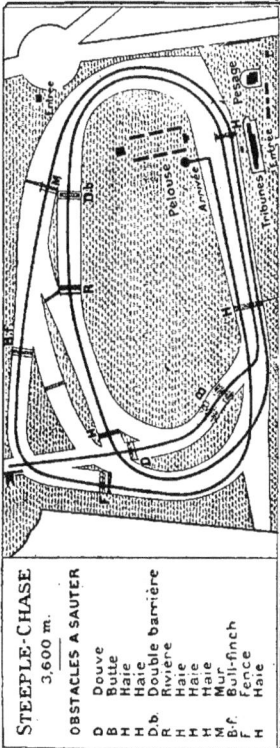

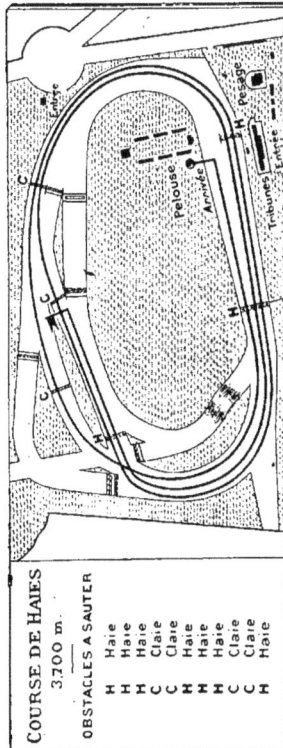

STEEPLE-CHASE
3,600 m.

OBSTACLES A SAUTER

D	Douve
B	Butte
I	Haie
I	Haie
D.b	Double barrière
R	Rivière
H	Haie
I	Haie
I	Haie
M	Mur
B.f.	Bull-finch
F	Fence
I	Haie

HIPPODROME DE SAINT-OUEN

COURSE DE HAIES
3,700 m.

OBSTACLES A SAUTER

I	Haie
I	Haie
I	Haie
C	Claie
C	Claie
I	Haie
I	Haie
I	Haie
C	Claie
C	Claie
I	Haie

Mardi	1er Avril		Vendredi	19 Septembre
Mardi	8 —		Jeudi	25 —
Mardi	15 —		Jeudi	2 Octobre
Samedi	26 —		Mardi	14 —
Jeudi	8 Mai		Mardi	28 —
Mardi	13 —		Mardi	11 Novembre
Samedi	17 —		Lundi	17 —
Mardi	20 —		Vendredi	21 —
Samedi	24 —		Lundi	24 —
Mardi	27 —		Vendredi	28 —
Mardi	3 Juin		Lundi	1er Décembre
Mardi	10 —		Vendredi	5 —
Samedi	21 —		Lundi	8 —
Samedi	12 Juillet		Vendredi	12 —
Mardi	15 —		Lundi	15 —
Lundi	21 —			

SOCIÉTÉ SPORTIVE D'ENCOURAGEMENT

MAISONS-LAFFITTE

DATES DES COURSES POUR 1913

approuvées par M. le Ministre de l'Agriculture.

Samedi	15	Mars
Mardi	18	—
Jeudi	20	—
Mercredi	26	—
Samedi	29	—
Vendredi	4	Avril
Vendredi	11	—
Vendredi	18	—
Mardi	22	—
Vendredi	25	—
Vendredi	2	Mai
Mardi	2	—
Vendredi	9	—
Vendredi	16	—
Vendredi	23	—
Vendredi	30	—
Vendredi	6	Juin
Vendredi	13	—
Vendredi	20	—

Jeudi	3	Juillet
Dimanche	6	—
Vendredi	11	—
Jeudi	17	—
Jeudi	24	—
Dimanche	27	—
Vendredi	12	Septembre
Jeudi	18	—
Lundi	22	—
Mercredi	24	—
Vendredi	26	—
Mardi	30	—
Vendredi	3	Octobre
Vendredi	10	—
Vendredi	17	—
Vendredi	24	—
Vendredi	31	—
Mardi	4	Novembre
Vendredi	7	—
Mercredi	12	—

Autour d'Enghien

Sait-on qu'Enghien fut un centre très important, au temps jadis, de tapisseries très renommées? Le premier document qui nous en soit resté est ce passage de P. Colin, qui, nommé en 1583 bailli au bois de la Seigneurerie s'exprime de la sorte : « *Ce fut Pohier, duc d'Athènes, comte de Brienne, qui ordonna la police sur la belle et fine tapisserie qui, de longtemps, se faisait en la ville d'Enghien et fit une ordonnance que personne de ladite ville ne pourrait vendre draps si sa main n'avait tissé certaine quantité de pièces.* »

Les maîtres qui ont laissé un nom dans les tapisseries Enghiennoises furent Michel Betthen (1410), Herman Betthen (1445). La Seigneurerie d'Enghien appartenait à la maison de Luxembourg ; c'est même dans le château que naquit Louis, comte de Saint-Pol, et châtelain de Lille, dont les biens furent confisqués par Charles le Téméraire en 1470. Des tapisseries qui lui avaient appartenu furent découvertes à Douai et Escandœuvres. Il en existe encore la liste : xiiij pièces de tapisserie de Meluxsine, viij tapis de la salle de l'Histoire de Jules César, etc.

Vinchaut, historien vivant au début du XVIIe siècle nous apprend que Louis de Luxembourg établit une foire pour *tapisseurs* en 1469.

Un autre maître, non moins illustre que ceux précédemment cités, originaire d'Enghien comme la plupart d'entre eux, Pierre Van Aelst, travailla pour Philippe le Beau ; Léon X, devant son habileté et son savoir, le chargea d'une besogne excessivement délicate : traduire en tapisseries les cartons de Raphaël représentant les *Actes des Apôtres*.

En 1513, Philippe de Clèves jugea non seulement opportun mais nécessaire d'octroyer des statuts aux corps de métier à cause de la fraude sans cesse grandissante. Il défendit en particulier, et à plusieurs reprises, l'usage des laines noires en considération de ce que, les laines noires étant fabriquées avec de l'oxyde de fer, le tissu ne tardait pas à être rongé et à disparaître. Inutile de dire que ces statuts ne furent observés que dans une très médiocre mesure.

Marguerite d'Autriche, gouvernante des Pays-Bas, confia à Laurent Flaschoen le soin d'exécuter un très grand nombre de tapisseries dont elle fit don à différents couvents. Henri van Lacke lui succéda avec un égal succès.

Du reste, les tapisseries d'Enghien n'étaient pas tenues en petite estime ; la voix publique se chargeait de le faire savoir et en 1551, Marino Cavalli, ambassadeur de la République de Venise, cite Enghien comme une des trois villes où la haute-lisse est la plus florissante.

Aussi, à partir de ce moment leur fut-il fait des commandes en vue d'orner les maisons dans les réjouissances publiques ; c'est ainsi que les tapissiers d'Enghien prirent part à la réception (1539) de l'Empereur Charles-Quint dans les villes de Mons et de Valenciennes.

Maximilien, duc de Bavière, se proposait de créer une manufacture à Munich et choisit, après bien des tentatives et bien des recherches, Jean Van der Biest qui se trouva, en dépit de son incapacité, affirmaient les mauvaises langues, apte à diriger la manufacture ducale. Pendant quelques années, les succès de la fabrique ne firent que croître, mais certains ouvriers malintentionnés ou mécontents s'adressèrent directement à Maximilien pour se plaindre insidieusement de leur patron. Van der Biest s'en alla donc, mais, chose étrange, resta dans les meilleurs termes avec son ancien protecteur qui lui témoigna à plusieurs reprises son estime en lui envoyant d'importantes commandes.

Puis, peu à peu, par la force du temps et l'usure des siècles qui veulent que les meilleures et les plus belles choses s'en aillent, la haute-lisse périclita, les procédés s'obstinèrent dans une pitoyable routine. Un recueil, publié à Paris en 1718, qualifie ainsi, l'état précaire de la tapisserie : « *La fabrication d'Enghien a beaucoup été dans ses commencements pour les personnages qui ont toujours été très mal dessinés. Un de leurs défauts ordinaires est de mal monter leurs ouvrages. Leurs verdures sont passables quoique toujours travaillées dans un certain goût antique qui en diminue le prix* ».

Cette appréciation est rétrospective ; dès la fin du XVIIᵉ siècle, la routine avait envahi et étouffé toutes choses, les ouvriers d'Enghien ayant conservé les anciens procédés auxquels ils s'attachaient avec une persistance remarquable.

9

Qui soupçonnerait maintenant l'industrie qui brilla jadis
d'un si vif éclat dans cette charmante ville? Il faut s'étonner
certes d'une chûte aussi complète, d'une disparition à ce poin t
totale que le seul souvenir étonne celui qui n'a point par-
couru les ouvrages traitant des diverses fortunes que subit
la ville d'Enghien.

D'illustres écrivains pourtant en parlèrent, Balzac,
Alexandre Dumas père, et, à ce propos, je ne puis résister
au plaisir de vous raconter une anecdote que je m'excuse de
ne pouvoir décrire avec la verve dont avait coutume l'illustre
écrivain.

En 1827, Alexandre Dumas était allé rendre une visite
à Enghien à son ami le colonel Bro. Pendant qu'il attendait
l'arrivée de ses hôtes dans un salon où se trouvait un perroquet, il se plut à contempler l'animal qui, séduit, flatté peut-
être de l'attention dont il était l'objet se mit en mesure de
descendre de son perchoir. Une fois qu'il eut touché le sol,
il s'efforça de grimper le long de la jambe d'Alexandre
Dumas qui mû par un sentiment légitime de pitié, lui tendit
un index secourable. Ici, le drame : D'un bec perforateur, le
perroquet poinçonna le doigt du romancier qui, désireux de
ne pas être en reste avec le perfide, le tua d'un vigoureux
coup de pied. Le meurtre accompli, il enfouit l'oiseau sous un
canapé.

Quinze jours plus tard, il retournait voir le colonel Bro
qui lui montrait, trônant sur un perchoir, l'animal empaillé.

« Ce pauvre animal ! dit le colonel. On m'avait souvent
affirmé que les bêtes se cachaient pour mourir mais je ne
l'avais jamais cru jusqu'au jour (il y a deux semaines exacte-
ment) où ce malheureux perroquet s'est enfoncé sous le canapé
pour trépasser probablement d'une maladie interne ignorée. »
Et le colonel s'étendit en un long panégyrique sur le charme
de l'animal. Il était beau, il était bon, il était doux !

— Mordait-il? questionna Dumas, la voix acerbe.

— Lui? Jamais ! répondit le colonel.

L'histoire ne dit pas si l'ombre du perroquet frémit dans
les profondeurs du Styx de ce mensonge involontaire et pieux.

Donc, d'innombrables souvenirs se rattachent à Enghien
qui fut illustre dès les débuts du XVIIIe siècle, peut-être
même avant.

Tout le monde sait qu'en 1776, le Père Cotte, prêtre de
l'Oratoire de Montmorency, découvrit une source d'eau

d'une odeur spéciale qui, mélangée à celle du lac formait ce qu'on appelait alors le « *ruisseau puant* », odeur caractéristique due aux émanations sulfureuses. Le Père Cotte, infiniment simpliste, expliquait cette puanteur par les plantes pourries et les cadavres de poissons infectant l'eau du lac, hypothèse parfaitement invraisemblable aujourd'hui, mais qui ne surprenait personne alors.

L'abbé Nollet présenta un mémoire du Père Cotte à l'Académie des Sciences qui chargea le chimiste Macquer d'en faire un rapport.

En 1788, Fourcroy, Vauquelin et Delaporte publiaient la première analyse et dès cette année-là quelques malades se présentèrent. Du reste, dès 1781, le Prince de Condé concédait la source et le terrain à Le Vieillard déjà propriétaire des eaux de Passy, aujourd'hui tombées dans un oubli profond probablement parce qu'elles se trouvent dans Paris même et que toute source minérale ne saurait décemment guérir qu'à condition de se trouver à un éloignement convenable des grands centres.

Le Vieillard donc, avait installé au lieu même de la source, un bassin de pierre d'une simplicité préhistorique et recouvert d'un toit si bas qu'on ne pouvait se glisser en dessous qu'à la faveur de savantes contorsions d'échine. Les bains étaient pris dans des chaumières avoisinantes. Je vous laisse à penser quel confort présidait à ces immersions plus que rudimentaires.

Mais tandis que les vertus des eaux attiraient les baigneurs, le tourbillon de la Révolution et de l'Empire dispersa comme feuilles mortes, la tourbe errante des malades qui oublièrent leurs maux pour secourir la Patrie ou succombèrent. Ce fut en 1821 que commença le succès véritable des eaux d'Enghien.

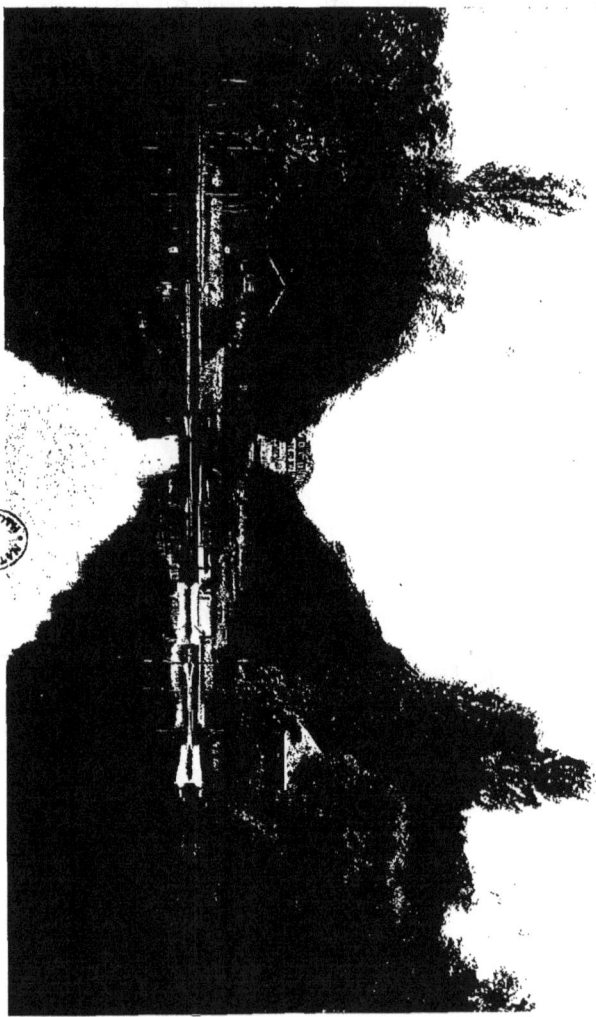

LE LAC ET LE CHATEAU DE SAINT-GRATIEN

SAINT-GRATIEN

Le village de Saint-Gratien, situé sur la route de Saint-Denis à Pontoise, à trois lieues de Paris, est fort ancien. Si l'on ajoute créance aux affirmations des plus savants auteurs, il aurait porté d'abord le nom de Guilleville, pour prendre, avant le xiie siècle, celui de Gratien, martyr, qu'il a conservé.

Ce qui est assuré, c'est que la terre de Saint-Gratien appartenait, dès le xiiie siècle, à la puissante maison de Montmorency, dont les seigneurs possédaient presque toute cette partie de l'Ile de France. Un acte de 1293, énumérant les villages qui composaient sous Philippe le Bel la seigneurie de Montmorency, en dénombre quatorze : Soisy, Grolay, Montmagny, Andilly, Margency, Montlignon, Metigar (?), Tour (?), Eaubonne, Ermont, Sannois, Franconville, Saint-Gratien et Épinay.

Aussi bien Saint-Gratien n'était-il alors qu'un fort chétif hameau puisque un dénombrement de 1470 donne à la paroisse 4 habitants. Il suivit les destinées de la terre de Montmorency, et fit, en juillet 1551, partie du duché-pairie créé par le roi Henri II pour Anne de Montmorency, connétable de France.

Le seul monument qu'on y vît, en ces temps reculés, était l'église, achevée en 1555. C'était un petit édifice bas et sans beauté, à qui, dès le milieu du xviiie siècle, les injures du temps et de nombreuses réparations avaient ôté tout caractère. Cette église n'avait dû d'être conservée qu'aux bienfaits d'une famille de parlementaires parisiens, les Poille. Devenu seigneur de la terre de Saint-Gratien à la fin du xvie siècle, Jean Poille, conseiller au Parlement de Paris sous Charles IX et Henri III, et après lui ses descendants furent enterrés dans l'église où leurs épitaphes se lisaient encore au moment de la Révolution.

L'abbé Le Bœuf, qui visita Saint-Gratien en 1750, juge le château seigneurial bâti à l'antique et petit, mais l'estime « distingué par sa situation dans un pays délicieux où il y a de tout, blé, vignes en abondance et étang spacieux ».

Le seul seigneur illustre de Saint-Gratien fut le maréchal de Catinat. Catinat tenait cette terre de l'héritage de sa mère, Françoise Poille, fille de Jacques, conseiller au Parlement, et qui était morte en 1649. Le vieux maréchal s'y retira et y vécut ses dernières années, se plaisant à la plus grande simplicité. Ses contemporains le représentent prenant plaisir à cultiver les fleurs et des espaliers qu'il avait plantés de ses mains. La popularité de Catinat, du *Père la Pensée*, comme l'avaient surnommé ses soldats, était grande. Il était un exemple unique d'un maréchal de France ayant conquis un à un tous ses grades. Parvenu à la gloire, il avait gardé une simplicité bienveillante et grave qui en imposait. Les poètes chantèrent ses goûts rustiques : le *Mercure* de mai 1702 contient une longue pièce dont quelques vers suffiront à indiquer le genre :

> D'un héros insensible à tout autre plaisir,
> Jeunes plans, croissez à loisir,
> Fleurissez sous d'heureux auspices :
> Vous devez être les délices...

Catinat mourut dans son château de Saint-Gratien, le 25 février 1712, à l'âge de soixante-quinze ans, le laissant en héritage à son neveu, Pierre de Catinat, conseiller au Parlement.

C'était alors une très belle terre, comprenant un parc de 250 hectares et tout le lac d'Enghien. Le château avait été restauré avec soin ; les jardins avaient été aménagés avec art, aussi Pierre Catinat y fit-il d'assez longs séjours. A sa mort, en 1745, la seigneurie passa à ses deux filles, dont l'aînée avait épousée M. de Lamoi-

SAINT-GRATIEN : LE CHÂTEAU DE CATINAT.

gnon-Morvault, d'une famille illustre de parlementaires parisiens. Un autre des propriétaires du château de Saint-Gratien a laissé un nom dans l'histoire : c'est le marquis de Custine, fils du général guillotiné en 1792. Le marquis de Custine, qui a écrit sur la Russie un livre longtemps classique, fut le dernier seigneur, peut-on dire, de l'ancienne terre de Saint-Gratien.

A la mort du marquis de Custine, deux lignes de chemin de fer mettaient déjà Saint-Gratien aux portes de Paris. Cette heureuse petite ville, ainsi que l'écrivait Girardin, « par le chemin de fer du Nord, touche au boulevard de la Madeleine, quartier élégant ; par le chemin de fer de l'Ouest, au boulevard Poissonnière, quartier commerçant ». Cela explique qu'en 1860, le parc du château ait été vendu par lots à des prix variant de 6 à 15 francs le mètre, sommes énormes pour l'époque.

Par une destinée singulière, quelques années plus tard, la princesse Mathilde allait reconstituer, au moins en partie, l'ancien domaine de Catinat. C'est en 1853, presque au lendemain du rétablissement de l'Empire, que la cousine de Napoléon III avait acquis une charmante maison de campagne, presque un château, bâtie par le comte de Luçay, au commencement du premier Empire. Le comte de Luçay, préfet du Palais de Napoléon Ier, propriétaire d'une grande partie de l'ancien domaine de Catinat, avait jugé le vieux château du maréchal, à demi ruiné par la Révolution, peu propre à lui servir de demeure. On assure, et peut-être n'est-ce là qu'une légende, que M. de Luçay aurait eu surtout le désir, bâtissant un nouveau château, de « fournir un point de vue à ce château de Saint-Leu qu'habitait alors la reine Hortense ». C'est pour le récompenser d'un si charmant dessein que Napoléon Ier accepta d'assister à la fête d'inauguration qui y fut donnée.

Quoi qu'il en soit, dès qu'elle fut propriétaire du château de Saint-Gratien, la princesse Mathilde entreprit de rétablir son nouveau domaine, qui n'avait que deux hectares, dans ses anciennes limites. Lambeaux par

VOYAGES A PRIX TRÈS RÉDUITS EN ANGLETERRE
via Rouen, Dieppe et Newhaven, par la Gare Saint-Lazare

VOIE LA PLUS PITTORESQUE ET ·LA PLUS ÉCONOMIQUE

Ces billets donnent droit de s'arrêter, sans supplément de prix,
à toutes les gares situées sur le parcours, ainsi qu'à Brighton

EXCURSIONS
Billets d'Aller et Retour valables pendant 15 Jours
Par Services de Jour et de Nuit pour les 1res et 2e cl., par service de Nuit seulement pour la 3e cl.

DÉLIVRÉS A L'OCCASION DES FÊTES DE PAQUES, DE LA PENTECOTE, DE LA FÊTE NATIONALE,
DE L'ASSOMPTION ET DE NOEL, DU DERBY D'EPSOM ET DES RÉGATES D'HENLEY

De PARIS à LONDRES ou toute autre gare de la Compagnie de Brighton
1re CLASSE, **49 fr. 05** — 2e CLASSE, **37 fr. 80** — 3e CLASSE, **32 fr. 50**

Ces billets donnent le droit de s'arrêter, sans supplément de prix, à ROUEN,
DIEPPE, NEWHAVEN, LEWES ou BRIGHTON

Grands et puissants Paquebots, les plus luxueux et les plus rapides de la Manche

Billets directs pour LIVERPOOL, MANCHESTER, BIRMINGHAM,
GLASGOW, EDIMBOURG, DUBLIN, etc.

CHEMINS DE FER DE L'ÉTAT

VOYAGES A PRIX RÉDUITS

1º. SUR LES LIGNES DE NORMANDIE ET DE BRETAGNE

BAINS DE MER DE LA MANCHE

Plages de DIEPPE, SAINT-VALERY-EN-CAUX, FÉCAMP, ÉTRETAT, LE HAVRE, TROUVILLE, DEAUVILL
VILLERS-SUR-MER, CABOURG, COURSEUILLES, CARTERET, CHERBOURG, GRANVILLE,
SAINT-MALO, DINARD, PORTRIEUX-LES-BAINS, ROSCOFF, BREST, etc.

*Billets d'aller et retour individuels dits de « Bains de Mer », délivrés du jeudi précédant la fête des Rameaux au 31 octobre, vala
bles selon la distance 3, 4 et 10 jours (1re et 2e classes) et 33 jours (1re, 2e et 3e classes).*

Les billets de 33 jours peuvent être prolongés d'une ou deux périodes de 30 jours moyennant un supplément de 10 % pa
période et donnent droit à un arrêt, à l'aller et au retour, à une gare au choix de l'itinéraire suivi.

EXCURSION AU MONT SAINT-MICHEL

*Billets d'aller et retour individuels de 1re, 2e et 3e classes, délivrés du jeudi précédant la fête des Rameaux au 31 octobre, valab
de 3 à 8 jours, selon la distance.*

EXCURSIONS SUR LES COTES DE NORMANDIE, EN BRETAGNE ET A L'ILE DE JERSEY

*Billets circulaires de 1re et 2e classes valables un mois, délivrés du 1er mai au 31 octobre et pouvant être prolongés d'un nouvea
mois moyennant supplément de 10 %.*

(Arrêts facultatifs aux gares intermédiaires.)

ONZE ITINÉRAIRES différents permettent de visiter les points les plus intéressants de la *Normandie*, de la *Bretagne*
l'île de Jersey.

Excursion sur Rouen et le Havre

PAR CHEMIN DE FER ET BATEAU A VAPEUR

*Billets d'aller et retour individuels, de 1re, 2e et 3e classes, délivrés de Juin à fin Septembre, au départ de Paris, de Rouen (R. D
et du Havre, avec trajet en bateau dans un sens, entre Rouen et le Havre.*

Excursion à l'Ile de Jersey

Toute l'année, par Grauville et Saint-Malo — Mai à octobre, par Carteret — Billets d'excursion de toutes classes, valab
un mois.

VOYAGE CIRCULAIRE EN BRETAGNE

*Billets circulaires de 1re et 2e classes délivrés TOUTE L'ANNÉE, avec billets d'aller et retour complémentaires à prix rédui
permettant de rejoindre et de quitter l'itinéraire du voyage circulaire.*

ITINÉRAIRE. — Rennes, Saint-Malo-Saint-Servan, Dinard-Saint-Enogat, Dinan, Saint-Brieuc, Guingamp, Lannio
Morlaix, Roscoff, Brest, Quimper, Douarnenez, Pont-l'Abbé, Concarneau, Lorient, Auray, Quiberon, Vannes, Savenay, Le Cro
sic, Guérande, Saint-Nazaire, Pont-Château, Redon, Rennes.

EXCURSIONS SUR LES COTES NORD ET SUD DE BRETAGNE

Facilités accordées par cartes d'abonnement individuelles et de famille, délivrées du jeudi précédant la fête des Rameaux a
31 octobre, valables pendant 33 jours, et pouvant être prolongées moyennant supplément.

2º. SUR LES LIGNES DU SUD-OUEST

BAINS DE MER DE L'OCÉAN

Plages de ROYAN, LES SABLES-D'OLONNE, LA ROCHELLE. PORNIC, SAINT-GILLES-CROIX-DE-VIE, CHATELAI
LON, FOURAS, ILES D'YEU, DE NOIRMOUTIER, DE RÉ, D'OLÉRON, etc.

Billets de Bains de Mer, délivrés du jeudi précédant la fête des Rameaux au 31 octobre.

A. — *Billets d'aller et retour individuels de 1re, 2e et 3e classes, valables 33 jours,* non compris le jour du départ, avec facul
de prolongation de deux fois 30 jours, moyennant un supplément de 10 % pour chaque prolongation.

B. — *Billets d'aller et retour individuels de 1re, 2e et 3e classes, valables 5 jours,* du vendredi de chaque semaine au mardi su
vant ou de l'avant-veille au surlendemain d'un jour férié.

C. — *Billets d'aller et retour individuels de 2e et 3e classes, valables un jour* (le dimanche ou un jour férié), délivrés par les gar
situées au Sud de la Loire seulement.

BILLETS D'ALLER ET RETOUR DE FAMILLE POUR LES VACANCES

Billets de toutes classes, valables 33 jours, non compris le jour du départ, délivrés du jeudi précédant la fête des Rameaux a
1er octobre, avec prolongation facultative, moyennant supplément, aux familles d'au moins trois personnes payant place entiè
et voyageant ensemble.

A. — *Au départ de Paris, pour les gares du réseau de l'État (Lignes du Sud-Ouest)* situées à 125 kilomètres au moins de Pari
ou réciproquement.

B. — *Au départ de toutes les gares du réseau de l'État (Lignes du Sud-Ouest) (Paris excepté)* pour les gares situées à 60 kilo
mètres au moins du point de départ.

VOYAGE CIRCULAIRE AU LITTORAL DE L'OCÉAN
ENTRE BORDEAUX ET NANTES

Billets individuels et de famille, délivrés du jeudi précédant la fête des Rameaux au 31 octobre, valables 33 jours, no
compris le jour de la délivrance, avec faculté de prolongation de 3 fois 20 jours, moyennant un supplément de 10 % pou
chaque prolongation.

ITINÉRAIRE. — Bordeaux, Blaye, Royan, La Grève, Le Chapus, Fouras, La Rochelle-Ville, La Rochelle-Pallice, L
Sables-d'Olonne, Saint-Gilles-Croix-de-Vie, Pornic, Paimbœuf, Nantes, Clisson, Cholet, Bressuire, Niort, Bordeaux ou inverse
ment. (Faculté d'arrêt aux gares intermédiaires.)

PRIX : 1º *Billets individuels* : 1re classe, 60 fr. ; 2e classe, 45 fr. ; 3e classe, 30 fr.

2º *Billets de famille* : Prix ci-dessus, réduits de 10 % pour une famille de 3 personnes, jusqu'à 25 % pour un nombre de 6 pe
sonnes ou plus.

Billets spéciaux de parcours complémentaires pour rejoindre ou quitter l'itinéraire du voyage d'excursion.

Billets d'Excursion en Touraine (Toute l'année)

Billets valables 15 jours, avec faculté de prolongation de deux fois 15 jours moyennant un supplément de 10 %, pour chaqu
prolongation.

ITINÉRAIRE. — Saumur, Montreuil-Bellay, Thouars, Loudun, Chinon, Azay-le-Rideau, Tours, Châteaurenault, Mon
toire-sur-le-Loir, Vendôme, Blois, Pont-de-Braye, Saumur.

(Faculté d'arrêt aux gares intermédiaires.)

PRIX. — 1re classe, 26 francs ; 2e classe, 20 francs ; 3e classe, 13 francs.

Billets spéciaux de parcours complémentaires pour rejoindre ou quitter l'itinéraire du voyage d'excursion.

BILLETS D'EXCURSION AUX ILES DE NOIRMOUTIER, D'YEU, DE RÉ, D'AIX ET D'OLÉRON

SAINT-GRATIEN. — COIN DU PARC.

lambeaux, pendant vingt ans, elle acheta, pour les re-
coudre à sa terre, toutes les parties de terrain qui se trouvèrent à vendre et reconstitua ainsi un parc de 30 hectares.
Elle en fit, au reste, dessiner les allées avec un goût
charmant. De vieux arbres avaient survécu, et notam-
ment d'admirables cèdres du Liban qui, par endroits,
donnaient au parc un aspect vénérable. Des points de
vue, dont quelques-uns fort étendus, furent ménagés
dans le parc. La princesse Mathilde étudia avec soin tout
ce qui pouvait donner quelque agrément à ce château
qui fut sa maison d'élection. Elle aimait la simplicité,
le mobilier de son château fut simple ; elle était artiste et,
si elle n'eût été princesse, eût pu aisément se faire un
nom comme aquarelliste : aussi un goût charmant présida-
t-il à l'installation de son salon comme à celui de son atelier. Bien que la princesse Mathilde se plût surtout à vivre
dans un cercle d'amis choisis, elle savait, quand elle le
jugeait bon, recevoir avec le plus grand faste. Quelques
vieillards parlent encore, avec enthousiasme, de la fête
de nuit qu'elle offrit à Saint-Gratien, en 1861, à l'empereur Napoléon III. Les châteaux semblaient flamber dans
la nuit, les arbres du parc et tous les bords du lac
d'Enghien étaient illuminés ; des barques enguirlandées
et pavoisées, sur lesquelles s'étaient embarquées les
musiques des régiments casernés à Saint-Denis, sillon-
naient le lac dans des flots de lumière. Ce fut une soirée
féerique.

Le voisinage de la « bonne princesse » fut une heureuse fortune pour le village de Saint-Gratien, où la Révolution avait accumulé bien des ruines. De par la volonté
agissante de cette bonne fée, église, mairie, école furent
édifiées. Dès 1859, l'église était achevée. Bâtie sur les
dessins de M. Léon Ohnet, dans le style gothique, cette
église est élégante. Quelques souvenirs de l'ancien temple, comme le tombeau du maréchal de Catinat, lui
assurent le pèlerinage des curieux.

Ce tombeau de marbre noir, très simple, fut par
les soins de la princesse Mathilde, surmonté d'une
statue du maréchal, due au ciseau de M. de Nieuwer-

SAINT-GRATIEN : LE CHATEAU DE LA PRINCESSE MATHILDE

kerke, surintendant des beaux-arts et sculpteur de talent.

Après la chute de l'Empire, la princesse Mathilde continua d'habiter Saint-Gratien et affecta même un peu d'y vivre en recluse. Ses amis des jours heureux n'avaient point oublié le chemin de sa demeure. Elle continua d'avoir un salon où les plus éminents parmi les écrivains et les artistes se tinrent pour honorés d'être admis. Presque jusqu'à son dernier jour, elle était demeurée de santé alerte, d'esprit enjoué et l'on répétait d'elle volontiers des traits spirituels et de vives réparties. Quand elle s'éteignit, disparut avec elle un foyer de l'esprit français. Sa demeure et l'admirable parc qui lui coûta tant de soins, ne devaient pas lui survivre longtemps. Le prince Louis Bonaparte, qu'elle avait institué son héritier, accepta aussitôt de s'en dessaisir au profit d'une société privée qui en opère le lotissement. Dans ce parc, dont les allées et les grands arbres ont vu défiler tout le monde officiel du second Empire, et toutes les gloires des arts et des lettres du siècle dernier, chacun peut aujourd'hui se tailler un domaine à sa taille. La beauté du paysage, la richesse du sol, l'étonnante vigueur des frondaisons qui font une couronne aux rives du lac d'Enghien n'ont pas manqué d'assurer le prompt succès d'une telle entreprise.

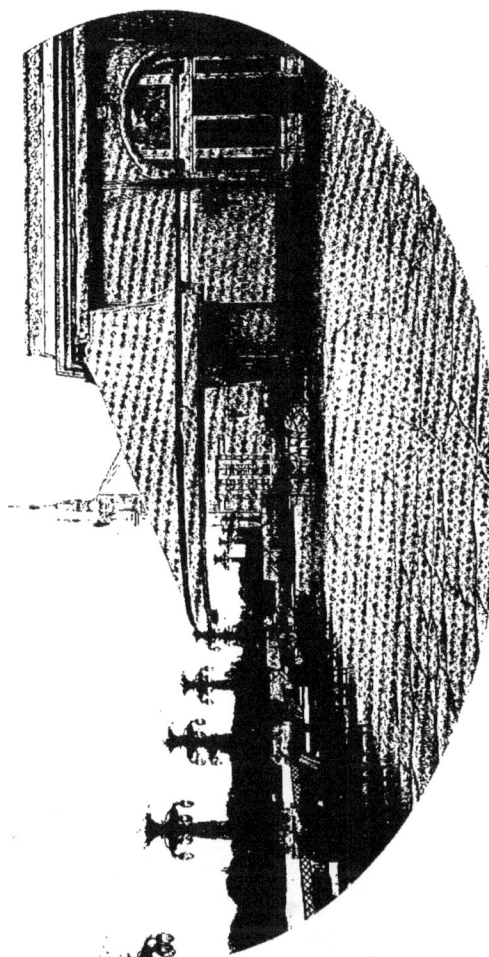

CASINO D'ENGHIEN : ... DES TERRASSES.

VILLA TARTUS.

MAISON DE SANTÉ D'ÉPINAY (SEINE).
ENTRÉE, 6, AVENUE DE LA RÉPUBLIQUE.
LE CHATEAU.

ÉPINAY

De Saint-Denis pour gagner Enghien par la route, deux chemins s'offrent, qui se confondent en un pour se diviser à nouveau. Ce sont : la route nationale n° 14 de Paris au Havre, et la route départementale de Paris à Épinay.

La route départementale de Paris à Épinay rejoint la route nationale n° 14 de Paris au Havre au lieu dit les Béatus, à 900 mètres du fort de la Briche.

La route nationale n° 14, aussitôt après la sortie de Saint-Denis par une porte percée dans la muraille de la Double-Couronne, traverse une zone militaire qui se poursuit pendant un kilomètre et demi, car elle longe le fort de la Briche qu'elle a à sa gauche ; à droite s'étendent des cultures dans la plaine qui s'étend assez loin sans ondulation. La route descend une pente pour passer sous la ligne de Paris à Creil par la vallée de l'Oise. C'est environ cinq cents mètres après qu'elle est rejointe par la route départementale de Paris à Épinay. A un kilomètre de la réunion des deux routes on atteint Épinay.

Épinay qui compte 4.222 habitants, à 13 kilomètres de Paris par la route de terre, est situé sur la rive droite de la Seine, mais la façade de la ville ne donne pas à proprement parler sur le fleuve, car Épinay n'a pas le moindre quai, et ne sert d'escale à aucun bateau. Elle s'y adosserait plutôt, comme Saint-Denis d'ailleurs. Épinay est une localité fort ancienne. C'était, à l'époque gallo-romaine, une bourgade située à trois cents mètres environ à l'ouest du château des Rois Francs, sis entre l'étang de Coquenard et la Seine. Au hameau actuel de la Briche, mais qui s'appelait alors *Spinogelum,* un château fut le palais d'été du roi Dagobert. La bour-

MAISON DE SANTÉ D'ÉPINAY (SEINE) LE CHALET BELLEVUE.

MAISON DE SANTÉ D'ÉPINAY. UN COIN DU PARC.

gade qui occupait l'emplacement d'Épinay s'accrut par l'effet du séjour des seigneurs qui suivaient la cour ; on y célébrait le culte dans une chapelle dépendant d'une léproserie à peu de distance du moulin de l'étang. Sous le patronage de saint Marc, puis de saint Sylvain, elle servit pendant plusieurs siècles de succursale à l'église mérovingienne de la Briche, qui demeura paroissiale jusqu'en 1403. Pierre d'Orgemont, évêque de Paris, transféra vers cette époque la paroisse à Épinay sous le vocable de ses anciens patrons saint Médard et saint Gildard, en y joignant saint Vincent, patron de la ci-devant succursale. Spinoïlum fut appliqué au nouveau siège de l'église, tandis que Spinogelum perdait de son importance — à la fin du moyen âge c'était déjà Espigneul et Espignollet, puis ce fut le grand et le petit Épinay. Ce qui fait que c'est le hameau qui n'était qu'un écart de Spinogelum au début qui devint la localité importante.

Épinay fut possédé par les moines de Saint-Denis jusqu'au commencement du xve siècle. Depuis, le domaine passa en diverses mains. En 1741, un M. de la Rive de Bellegarde acheta la seigneurie, c'était un fermier général, il y maria sa fille au comte d'Houdetot.

L'église, bâtie par le prince de Condé en 1743, a été détruite pendant la guerre après le combat d'Épinay ; on l'a reconstruite depuis. Le château d'Épinay est devenu la mairie de la localité.

* * *

C'est à proximité d'Épinay, au hameau de la Barre, que s'élevait jadis le château de la Chevrette, que Mme d'Épinay a rendu célèbre.

Le parc était à l'angle du chemin de Deuil dont dépend la Barre, et du chemin vicinal de Saint-Denis à Méru, dans la direction du village à droite. Il y avait une grande porte, fermée d'une grille ; elle s'y trouve encore.

Le château illustré par Mme d'Épinay avait été bâti par M. Puget de Montauron, qui avait acheté le domaine des héritiers Pollalion le 14 août 1636.

De Montauron, n'ayant aucun ordre et beaucoup de créanciers hurlant après ses chausses, fut obligé de tout vendre pour recouvrer un peu de paix : sa maison du Marais du Temple à Paris passa à M. le duc de Retz pour 50 000 écus et la maison de la Chevrette, connue pour son élégance, fut acquise par M. d'Hémery, le 19 mars 1645, pour la somme de 70 000 écus.

La Chevrette était mieux qu'une maison : c'était un château prenant vue d'un côté sur une cour principale et de l'autre dominant un vaste parterre. Le château était précédé d'une cour, d'une avant-cour, que séparait un mur percé d'une porte cochère. Deux pavillons flanquaient l'avant-cour, deux autres la cour. Les pavillons de la cour renfermaient une chapelle et une salle de bains. Des tapisseries, des peintures de Jacques Blanchard, ornaient la chapelle ; Jacques Blanchard avait donné là les principaux épisodes de la vie de la Vierge. Dans l'un des pavillons de l'avant-cour était le logement du concierge ; l'autre contenait une sorte de cellier, des chambres au premier étage, et l'horloge.

L'entrée de l'avant-cour était celle du parc, une avenue plantée d'ormes y conduisait. A gauche, en entrant, on trouvait le jardin à fleurs, qu'entouraient des espaliers ; au centre, jaillissait l'eau d'une fontaine; au fond du jardin on voyait l'orangerie qui devint par la suite une salle de théâtre.

La ferme du château était adossée à l'orangerie. Cette ferme avait été la ferme du domaine voisin de la Barre.

En bordure du chemin vicinal de Saint-Denis à Méru

se trouvaient encore cinq petites maisons de rapport. Actuellement on peut encore les voir.

Le domaine extérieur de la Chevrette comprenait 128 arpents de terres labourables et 9 arpents et demi de prés. Le nouveau propriétaire, M. d'Hémery, était plus notoire que l'ancien : il fut contrôleur général et deux fois surintendant des finances.

M. le cardinal de Mazarin, qui se connaissait en hommes, aimait assez avoir sous ses ordres des gens que leur conscience élastique mettait à son entière discrétion. M. Michel Particelli d'Hémery était de ceux-là ; il était né pauvre, mais il savait inventer de nombreux moyens pour trouver de l'argent ; pour en procurer à l'Etat, il trouva des impôts à établir ; pour s'en procurer à lui-même, il employa le moyen le plus simple : il vola l'État ; le fruit de ses larcins passa en amusements, car il était, par-dessus le marché, assez crapuleusement débauché, de l'avis de ses contemporains. M. le contrôleur Particelli d'Hémery eut une réception tout intime entre hommes dans son nouveau domaine, le 4 juin 1645.

Deux ans après, à un mois et deux jours près, M. le contrôleur traita à la Chevrette le roi, la reine et toute la cour. Le 16 juillet suivant, l'hôte des souverains passait surintendant. Les visites de la cour furent fréquentes ; le sieur Bautru, journaliste, boulevardier anticipé, à la flatterie visqueuse, multiplie, sans doute moyennant pécune, les échos de ces fêtes dans la *Gazette* qu'il dirige. Le château de la Chevrette devient des plus notoires.

Le 9 juillet 1648, c'est la disgrâce pour le sieur (il n'est plus que le sieur) d'Hémery : on l'envoie se reposer à Châteauneuf.

Il mourut, le 23 mai 1650, pendant la Fronde, mais avant que l'armée de Turenne ne vînt camper au pied du château. Il laissa un fils, le président de Thoré, et une fille qu'épousa Louis Phélypeaux, seigneur de la Vrillière, secrétaire d'État ; elle eut la Chevrette dans sa part d'héritage.

MAISON DE SANTÉ D'ÉPINAY. — PAVILLON LOUIS XIV.

MAISON DE SANTÉ D'ÉPINAY. — VILLA BEAUSÉJOUR,
ENTRÉE, 6, AVENUE DE LA RÉPUBLIQUE.

Marie Particelli d'Hémery mourut en 1670. Son fils, Balthasar, qui devint marquis de Châteauneuf, hérita de la Chevrette. Il épousa Marie-Marguerite de Foúrcy, fille d'un conseiller au Grand Conseil ; deux fils leur naquirent qui s'appelèrent Louis et Balthasar. Le marquis de Châteauneuf mourut le 27 avril 1700, tandis qu'il se rendait aux eaux. La Chevrette fut vendue par ses deux fils quatre mois après son décès.

Elle devient la propriété de Guillaume Boissier qui la revend, le 11 janvier 1707, à Romain Dru de Mongelas, qui occupa le domaine vingt ans, et fit des travaux qui augmentaient la puissance des jeux d'eaux. Le 17 juin 1727, la Chevrette passe par vente à Eustache-François Le Cousturier, conseiller au Grand Conseil ; il la revendit en 1730, le 7 octobre, en réalisant un bénéfice, à Nicolas François Dupré de Saint-Maur. Ce Dupré de Saint-Maur fut l'auteur de la première traduction du *Paradis perdu* de Milton ; il entra pour ce fait à l'Académie en 1733 ; on dit — Grimm et Collé — que c'est Mme de Saint-Maur, née Marie-Marthe Alléon, qui corrigeait les discours de son époux et avait, par le commerce qu'elle entretenait avec les beaux esprits de l'époque, fait recevoir le traducteur à l'Académie. D'ailleurs ils séjournèrent peu à la Chevrette, qu'ils vendirent, le 24 novembre 1731, à M. Lalive de Bellegarde, fermier général.

M. Lalive de Bellegarde avait épousé Marie-Josèphe Prouveur, il en eut six enfants : quatre fils et deux filles ; le second des fils, Denis-Joseph, qui reçut le fief d'Epinay acquis par son père, épousa Louise-Florence-Pétronille Tardieu d'Esclavelles, qui fut la fameuse Mme d'Epinay.

Mlle d'Esclavelles était la fille du gouverneur de Valenciennes ; elle vint à Paris après la mort de son père, pour y vivre en compagnie de sa mère avec l'aide de Lalive de Bellegarde, le fermier général, qui était son oncle. A sa sortie du couvent en 1740, elle avait donc quatorze ans (née en 1726), elle vint chez son oncle et Denis-Joseph Lalive d'Epinay lui fit la cour ; Mme de Bellegarde pensait-elle que la petite pensionnaire ne trouverait pas là le mari qu'il lui fallait ou que le parti ne convenait point à son fils, toujours est-il qu'elle rabrouait sa nièce, ce qui fit dire par Mme d'Epinay dans ses *Mémoires* que sa tante était acariâtre. En 1743, le 18 septembre, l' « acariâtre » obstacle décéda de la façon la plus inattendue. Les deux jouvenceaux eurent bientôt arraché le consentement de Lalive de Bellegarde qui était bon homme ; ce fut lui qui décida la veuve d'Esclavelles à accepter ce mariage : elle avait des scrupules, craignant d'être taxée de calculs d'intérêt. La jeune personne savait s'évanouir et le jeune homme parlait d'entrer au cloître. Ils furent mariés à Saint-Roch, le 23 décembre 1745 ; elle avait donc vingt ans, il était son aîné d'un peu plus d'un an et demi. Le ménage n'alla pas longtemps : d'Epinay laissait le chevalier de Canaples s'empresser auprès de Mme d'Epinay avant même qu'elle eût donné le jour à son premier enfant ; il n'y avait pas encore neuf mois qu'ils étaient mariés ; l'enfant naquit neuf mois et cinq jours après la cérémonie, le 28 septembre 1746 ; c'était un garçon, Louis-Joseph. M. d'Épinay avait l'habitude de s'absenter pour les couches de sa femme ; il faisait alors un petit voyage et revenait avec une collection d'histoires gaillardes dont il avait été le héros.

Mme d'Épinay devint la maîtresse de Francuœil le 7 mars 1750, à son dire, mais elle avouait l'aimer depuis près d'un an et en être aimée ; d'autre part, lorsque M. d'Épinay revint après la naissance de leur seconde fille Angélique-Louise-Charlotte (1er août 1749), il trouva Francuœil au chevet de sa femme, et la soignant avec un tel dévouement que les soupçons qu'il conçut sont peut-être justifiés. M. d'Épinay était, par les soins de son père, séparé de biens de sa femme depuis le 14 mai 1749 ; il laissa à sa femme un triste souvenir de ses voyages. La pauvre femme fut très frappée moralement de cette catastrophe : c'est alors que Francuœil, pour la distraire, avec l'assentiment de Lalive de Bellegarde et de la veuve d'Esclavelles, transforma l'orangerie en théâtre, organisa une troupe, monta une comédie inédite d'un inconnu, d'un besogneux, son secrétaire, qui se nommait Jean-Jacques-Rousseau. Ce théâtre joua dès lors très fréquemment, et vraiment le théâtre d'amateurs à cette époque n'était pas à dédaigner. Le château de la Chevrette devenait le rendez-vous de tous les plus charmants esprits. Au théâtre on vit danser Durfort, comte de Cheverny, M. Caze, fermier général ; les comédies furent interprétées par Mᵐᵉ d'Épinay, Dupin de Francuœil, Dubleix de Bacquencourt, Lalive de Bellegarde lui-même. On était tour à tour acteur et spectateur.

Francuœil se prit un peu à boire, et délaissa fort Mᵐᵉ d'Épinay, autour de laquelle rôdaient, très empressés, Duclos, le baron de Lucé et Gauffecourt. Elle se défendait mollement.

Vers 1754, Grimm fut l'oracle de la Chevrette ; en 1756, il y régnait sans conteste.

C'est alors que Mᵐᵉ d'Épinay se réfugia dans la morale, et composa un plan d'éducation pour ses enfants. Elle puisait ses enseignements chez Rousseau, auquel elle s'accrochait sans discrétion. Les enfants étaient d'intelligence médiocre.

En 1757, Mᵐᵉ d'Épinay partit pour Genève pour être soignée par Tronchin. Elle ne revint qu'à la fin de 1759. Avant son départ, le cercle de ses amis était déjà moins nombreux, car Grimm et la mort y avaient exécuté des coupes sombres.

Après le retour, les fêtes reprirent mais moins brillantes et moins bruyantes, surtout. Mᵐᵉ d'Épinay s'abandonne aux amitiés philosophiques : Diderot vient à la Chevrette, après avoir longtemps résisté ; Voltaire écrit ; Francuœil a disparu, on ne le reverra plus, pendant quelque temps ; Grimm s'en félicite, les folies lui déplaisent et les trop nombreuses invitations surtout. Pendant ce séjour Diderot écrira sur la Chevrette des pages qui sont autant de peintures précieuses. Grimm laissa se reformer un cercle où parurent Galiani, Saurin, Suard, Damilaville, Raynal et Sedaine qui venait avec Diderot.

Au mois de janvier 1762, M. d'Épinay fut destitué en même temps que La Popelinière. M. d'Épinay n'avait que 700 000 livres de dettes, cependant on trouva que cela suffisait. La situation du ménage changea : Mᵐᵉ d'Épinay en profita pour commencer à jouer la misère, bien qu'elle eut encore 30.000 livres de revenus divers, ce qui n'était pas l'indigence après tout. Elle quitta la ville, disant qu'elle allait vivre sans équipage ; il n'en fut rien. Elle alla simplement habiter la plaine Monceaux qui était alors pleine de petites maisons galantes ; ses amis les plus larges d'idées, exception faite toutefois pour Grimm et Diderot, en sont choqués, Francuœil lui-même, qui est revenu aux mauvaises nouvelles. Ses simagrées de pauvreté exaspéraient son mari qui prétendait, avec raison sans doute, qu'elle lui faisait ainsi le plus grand tort et ruinait son crédit. Pour elle, elle se prépara à louer la Chevrette et se mit à réparer le château de la Briche, dont les propriétaires, des parents proches, lui laissaient la jouissance. Elle y dépensait sans compter ; en attendant, elle habita la Chevrette jusqu'en juillet où elle vint à la Briche. Elle collabore alors à la *Correspondance littéraire* de Grimm, elle ne s'inquiète plus de l'éducation de ses enfants. A la Briche, la société est bruyante, Diderot y cause très haut. On venait dîner à la Briche, on y couchait même, témoin Suard.

Le parc, situé au bord de la Seine, à l'emplacement de la zone militaire du fort de la Briche actuel, était assez insalubre pour ses 85 arpents de surface. Mᵐᵉ d'Épinay prétendait, assez drôlement, qu'elle était contrainte, tous les trois ans, de procéder à la pêche de ses meubles dans l'étang. La Seine faisait à cette époque, dans les terres peu élevées de son voisinage, des séjours analogues à celui de 1910. La maison était simple mais commode, si l'on s'en rapporte à l'*Histoire du Diocèse*

de Paris ; la salle à manger était belle, le salon immense,
les chambres petites, mais nombreuses. Il est impossible
aujourd'hui de se livrer à aucune constatation, car le
château a disparu, il y a un peu plus de quarante ans.
Le parc était sauvage : ni la serpe ni le sécateur d'un
jardinier n'y avaient contrarié depuis fort longtemps
l'œuvre de la nature. On arrivait pour dîner, assez
délicatement, et après l'on se promenait en devisant ;
Damilaville était là et aussi l'abbé Raynal ; on causait politique et l'abbé était fort embarrassé par la
révolution de Russie (déjà !). Le soir, en attendant le
souper, on jouait, on lisait, on causait, on faisait de la
musique chacun à sa guise.

Diderot, Damilaville, l'abbé et le Dr Gatti regagnaient
Paris. Grimm allait jouir de son appartement.

*
* *

Pendant le temps où Mme d'Épinay avait mis la
Briche en état, la Chevrette avait été louée à un fermier général, Boulongne de Préninville ; c'était Durfort
de Cheverny qui l'avait amené là. On joua la comédie
dans l'orangerie comme au temps où Francueil montait
les pièces de Rousseau inconnu. Mais au bout de deux
étés Boullongne et Préninville, qui, s'il était fermier
général comme d'Épinay, était, tout ou contraire de
lui, un homme réfléchi, trouva les dépenses trop fortes
et céda la place à un autre locataire, Savalette de Magnanville, garde du trésor royal.

Savalette de Magnanville fit immédiatement des
réparations jugées, paraît-il, nécessaires ; il alla plus
loin, il fit des embellissements, et sacrifiant au goût
du jour il transforma le parc en jardin anglais,
et pour que les propriétaires pussent juger du bon

effet de tous ces travaux, il invita les d'Épinay qui parurent ensemble comme il convient à des gens qui savent sauvegarder les apparences.

Mais tout cela ne faisait pas se louer la Briche, et l'année suivante apporta à la châtelaine une surprise peu agréable sous la forme d'un remboursement de dix mille livres auquel elle ne s'attendait pas ; mais, après réparations, elle quitte la Briche qui vient enfin d'être louée pour neuf ans. Jusqu'au dernier moment, même dans les pièces à demi démeublées, elle reçut : on jouait aux échecs sur le couvercle d'une malle, sans siège. M. de Croismare perdit ainsi une partie. L'échiquier servait le lendemain de tablette à écrire à Mme d'Épinay. Elle avait beau prendre tout cela en riant, l'abbé Galiani trouvait cela triste. Avec son trépident désordre, elle avait déjà quitté, aussitôt arrivée, un appartement dans la rue Sainte-Anne à cause de l'odeur de la peinture.

*
* *

Pendant ces événements, le théâtre de l'orangerie, à la Chevrette, donnait *Roméo et Juliette*, qui était une adaptation de la tragédie de Shakespeare par le chevalier de Chastellux. La représentation fut une journée historique : deux cents voitures firent le voyage de Paris au château. Mlle de Lespinasse ne semble pas avoir été bien satisfaite de son déplacement ; il y avait de quoi : le chevalier prétendait avoir retiré de la pièce de Shakspeare tout ce qu'elle avait de comique, il reconnaissait avoir changé une grande partie de l'intrigue ; la fin était de son cru, mais elle compensait amplement ce qu'il avait retranché de comique : on s'épousait comme conclusion. Mlle de Lespinasse taxait cela de monstruosité, et déclarait ne pas savoir se composer un avis contre son sentiment ; on s'effare d'un telle indignation. Mlle de Lespinasse a dû se sentir souvent bien mal à l'aise ; elle avait l'indignation tenace à trente-huit ans ; ce n'était pourtant pas la première fois qu'elle

devait assister au travestissement d'une opinion littéraire, artistique ou autre.

Il vaut mieux, d'ailleurs, que Mme d'Épinay n'ait pas
été à la Chevrette ce jour-là, car elle y aurait souffert
de ne pas être la plus fêtée : Mme de Gléon était la reine
de la fête et l'idole de l'auteur et de bien d'autres.

Grimm continuait à voyager, tandis que Mme d'Épinay s'en fut habiter rue Saint-Nicaise dans la maison
d'un baron du Saint-Empire.

Pendant ce temps, on continuait à jouer la comédie à
la Chevrette où de Magnanville faisait toujours le magnifique. Les journaux le clamaient.

. Dans les premiers jours de 1775, la *Correspondance
littéraire* annonça la publication des *Conversations
entre une mère et sa fille* dans le style élogieux des
« prière d'insérer » d'aujourd'hui, mais avec la gram-
maire en plus. Le livre parut; il eut surtout du succès
auprès de Catherine de Russie, mais avec la naïve
confiance des auteurs, la suffisance des femmes de lettres,
Mme d'Épinay crut à un succès sans précédent. Voltaire
lui avait cependant écrit une lettre qui aurait dû la dé-
tromper, et l'abbé Galiani, donc !

La fin de l'année 1777 fut attristée par un nouveau
voyage de Grimm, et Mme d'Épinay, pour se consoler
un peu, changea de résidence : cette fois elle fit construire, à la Chaussée-d'Antin, une maison qui était la
troisième à gauche en venant du boulevard. Grimm
avait son appartement dans un corps de logis, entre
cour et jardin.

L'année suivante, Mme d'Épinay, dont l'état empirait,
n'avait pour adoucir ses souffrances que l'opium, et
en 1779, elle fut plusieurs fois en danger de mort ; elle
était infirme, et ne sortait plus. Dans les quelques instants où il y avait un peu de mieux, elle faisait les
honneurs de sa maison, avec Grimm.

En 1780, Savalette de Magnanville ayant perdu sa
fille préférée, renonça à la Chevrette : le joli théâtre
ne jouera plus ; le successeur de Magnanville était Pedro
de Alcantara, duc de l'Infantado.

· Mᵐᵉ d'Épinay, qui était mourante, revoyait les *Conversations d'Emilie* (*Dialogues d'une mère et de sa fille*) pour une seconde édition ; l'Académie couronna l'œuvre le 13 janvier 1783 ; ce fut une grande joie pour l'auteur.

La pauvre femme baissait de plus en plus, mais des amis se montrèrent dignes d'estime, ce furent Mᵐᵉ Sedaine, Mᵐᵉ Durfort et Durfort lui-même. Mᵐᵉ Sedaine ne passa pas un jour sans venir la voir. Elle avait vécu l'été de 1782 dans une maison de campagne louée à Chaillot, souffrant, outre de son cancer d'estomac, d'une attaque d'influenza ; elle comptait y revenir l'année suivante, mais la mort l'en dispensa le 15 avril 1783. Elle s'éteignit dans son hôtel de la Chaussée-d'Antin. Elle fut inhumée dans le cimetière de la Madeleine, La Ville-l'Évêque. Elle avait demandé à être inhumée là où elle décéderait.

La Chevrette échut à Mᵐᵉ de Belsunce, et fut démolie par les soins de son mari en 1787, pour un motif de jalousie, dit-on. Le domaine, saccagé par les patriotes durant la Révolution, fut vendu à la veuve de Condorcet en 1796, puis passa, le 6 mars 1797, à Camus, garde des Archives de la République. A la mort de ce dernier, la Chevrette fut vendue à M. Le Roux, puis morcelée à la mort de ce dernier entre soixante acquéreurs.

MONTMORENCY

Charmante petite ville de 6000 habitants, célèbre par sa magnifique forêt et par ses fameuses cerises; à deux kilomètres d'Enghien.

On se rend d'Enghien à Montmorency soit par le chemin de fer, soit par le tramway (consulter l'horaire).

1º *Excursions dans la forêt.* — Pour se rendre à l'Ermitage, on prend : le boulevard de l'Ermitage, qui se détache à gauche de la place de la Gare, et, en un quart d'heure on arrive à La Châtaigneraie, magnifique carrefour de châtaigniers, arbres six fois séculaires.

C'est à gauche de ce carrefour que se trouve le bal de l'Ermitage, où l'on danse tous les dimanches.

A la hauteur du second des restaurants de la Châtaigneraie, la route se bifurque : l'embranchement de gauche, ou chemin de Saint-Brice, conduit à l'ancienne maison de Grétry qui n'est plus aujourd'hui qu'un souvenir, l'embranchement de droite, qui prend le nom de rue de l'Ermitage, conduit directement à l'Ermitage.

Une plaque apposée sur le mur de face du bâtiment, à votre droite, vous donne toutes indications utiles à ce sujet.

L'Ermitage, propriété particulière dont l'entrée est bien reconnaissable à son portail de fer.

L'Ermitage, que l'on ne peut visiter qu'avec une permission de son propriétaire, doit son nom peu mérité à un ermite nommé Leroy, qui se construisit à cet endroit, en 1659, un modeste logis et un oratoire qui passèrent, à sa mort, en diverses mains et se trouvèrent appartenir, en 1735, au beau-père de Mme d'Epinay. Cette amie de Jean-Jacques, voulant empêcher le citoyen de Genève d'aller se fixer dans son pays, et s'associer en quelque sorte à la gloire d'un homme déjà célèbre, lui offrit d'habiter l'Ermitage qu'elle avait fait restaurer secrètement et qui était devenu une petite maison fort logeable.

Rousseau accepta, vint s'y installer le 9 avril 1756, et y commença la Nouvelle Héloïse; mais, s'étant brouillé deux ans après avec Mme d'Epinay, il déménagea sans rien dire et vint s'installer à Montmorency dans une maison appelée le

Petit-Montlouis, que l'on montre encore au nᵒ 12, de la rue Jean-Jacques-Rousseau, et qu'il quitta le 9 juin 1762 pour se réfugier en Suisse.

Depuis, l'Ermitage fut habité par Grétry, le célèbre compositeur liégeois.

2ᵒ *Le château de la Chasse.* — Pour se rendre au château, on revient d'abord à la gare, puis, tournant à gauche, on descend un instant pour prendre, à droite, la première route que l'on rencontre et qui croise aussitôt le chemin de fer.

Arrivé de l'autre côté de la voie ferrée, on traverse le carrefour désigné sous le nom de Fontaine-Renée, et, conservant la même direction, on gagne le boulevard d'Andilly, jolie route qui, inclinant à gauche, décrit, à la base des collines, de nombreuses courbes, d'où l'on découvre sur la vallée de Montmorency et les hauteurs de Sannois et d'Orgemont, les plus ravissants points de vue des environs de Paris. A cinq minutes du chemin de fer de Montmorency, au débouché d'un chemin encaissé, arbre de la Liberté planté en 1848. Écriteau.

A 100 mètres de ce point, en continuant à suivre le boulevard, se trouve le débouché, à gauche du chemin du Châtaignier-Brûlé. En suivant ce chemin sur 150 mètres environ, vous voyez sur votre gauche un châtaignier monstrueux (10 mètres de circonférence à la base) planté, dit-on, sous Philippe le Bel.

Revenir sur ses pas pour continuer le parcours du boulevard d'Andilly et, après vingt-cinq ou trente minutes de marche, on atteint Andilly.

En pénétrant dans le village, on incline à droite, et l'on suit, pendant quelque temps, une rue bordée de belles propriétés. Au delà d'une fontaine que l'on rencontre à gauche, on prend, à droite, une sorte de ruelle qui s'ouvre entre deux portes avec grille de fer. Cette ruelle, qui se transforme bientôt en un chemin creux, conduit, en montant toujours, sur le plateau dit les Champeaux d'Andilly.

Avant d'atteindre ce plateau, on rejoint une route que l'on emprunte un instant, puis on arrive directement à une seconde et l'on s'élève, à gauche, sur le talus qui borde cette dernière route. En quelques pas, et en inclinant légèrement à gauche, on arrive au-dessus de la Grande-Sablonnière ; suivez à droite et vous atteignez aussitôt le plateau des Champeaux d'Andilly.

Laissant sur la gauche le Fort de Montlignon, gagnez, en quinze minutes, la Croix-Blanche, groupe d'habitations qui apparaît en avant au milieu des arbres.

La Croix-Blanche est l'une des haltes des promeneurs dans la forêt de Montmorency. On trouve là un restaurant champêtre.

C'est en face de ce restaurant, qui a pour enseigne : A la Croix-Blanche, que s'ouvre le chemin conduisant, par le Carrefour du Pont d'Enghien, au château de la Chasse.

A 200 mètres de la Croix-Blanche, sur la route de Domont, chêne remarquable dont les rameaux couvrent la route.

Après s'être reposé à la Croix-Blanche, on s'engage dans ledit chemin, et, après quinze ou vingt minutes de marche, on débouche sur la grande route de Montlignon à Moisselles, au carrefour du Pont-d'Enghien ou Bouquet-de-la-Vallée, où se trouve un autre restaurant champêtre, le café-restaurant du rendez-vous de chasse, rendez-vous des promeneurs et des chasseurs.

Pour se rendre de là au château de la Chasse, il suffit de prendre, de l'autre côté du carrefour, un chemin qui s'ouvre à

11

droite (vis-à-vis de l'entrée du restaurant) : en dix minutes on arrive devant la vieille forteresse féodale.

Le château de la Chasse. — Ce château n'est qu'une ruine, mais elle est assez imposante avec ses quatre tours rondes.

Entouré de fossés et placé entre deux étangs qui permettaient d'inonder les abords, ce château devait être une forteresse redoutable.

Au-delà du château de la Chasse, se trouve la Combe de Sainte-Radegonde, petite vallée solitaire, où s'élevait jadis le couvent de Sainte-Radegonde.

Retour à Montmorency. — Si vous ne dînez pas en forêt, revenez, après avoir fait une halte au carrefour du Pont-d'Enghien, à la Maison Blanche, et là, pour varier votre excursion, laissez à droite la route qui vous a amené d'Andilly et prenez, au-dessus, la route de Domont, qui vous ramène en quarante minutes par le Fort de Montmorency, au boulevard de l'Ermitage et à la gare du chemin de fer.

De la nouvelle route, entre le Fort de Montmorency et la route de l'Ermitage, très jolie vue sur la vallée et sur Paris.

D'ENGHIEN A ERMONT-EAUBONNE

Renseignements. — Un train toutes les heures environ, 3 kilomètres en huit minutes. Prix des places : 35 centimes, 25 centimes, 15 centimes, aller et retour : 50 centimes, 35 centimes, 25 centimes.

Itinéraire. — Après Enghien, laissant à droite les hauteurs de Montmorency, on aperçoit, à gauche, entre les arbres, le lac ; on dépasse l'arrêt de Saint-Gratien (dans l'église, tombeau du maréchal Catinat), à proximité du champ de courses d'Enghien, et on s'arrête bientôt à Ermont-Eaubonne, où se raccorde la ligne de la gare Saint-Lazare, par Argenteuil.

Ermont. — Petite ville de 3.720 habitants, à un kilomètre du chemin de fer, se composant presque exclusivement de villas habitées par de nombreux Parisiens qu'y attire la facilité des communications.

Eaubonne. — Est un village de 2.500 habitants dont les maisons se confondent presque avec celles d'Ermont ; il s'étend le long d'un petit ruisseau descendant des hauteurs de la forêt de Montmorency que l'on aperçoit à 3 kilomètres. C'est à Eaubonne que se trouve la célèbre Institution des Enfants arriérés.

INSTITUTION DES
ENFANTS ARRIÉRÉS

EAUBONNE (SEINE-ET-OISE)

MAISON SPÉCIALE d'ÉDUCATION et de TRAITEMENT

FONDÉE EN 1847

DIRECTEURS MM.

A. LANGLOIS	**Docteur M. de CHABERT**
Ancien Professeur de l'Université	Ancien Interne des Hôpitaux

---

L'INSTITUTION des Enfants arriérés est un Établissement absolument spécial, répondant à toutes les exigences que réclament *l'instruction, l'éducation* et le *traitement* des enfants arriérés.

Elle s'adresse à tous les enfants ou jeunes gens qui, pour une raison quelconque, ne trouvent pas leur place dans les maisons ordinaires d'éducation ou qui, du moins, ne peuvent y mener à bien leurs études.

La collaboration étroite du Professeur et du Médecin, l'individualisation des procédés d'instruction, la pratique regulière de l'hydrothérapie, des sports de plein air et des exercices physiques, la vie toute familiale permettent d'établir un *système d'éducation absolument rationnel*.

L'organisation extrêmement souple s'adapte parfaitement aux besoins individuels de chaque élève. — Les Professeurs sont nombreux et spécialisés.

Très grand confort. — Installation hydrothérapique complète. — Lumière électrique, chauffage central, etc.

Magnifique domaine de 10 hectares.
Album photographique et notice sur demande.

Station d'Ermont-Eaubonne (1/4 d'heure Paris-Nord, 5 min. d'Enghien), 1/2 h. de Paris St-Lazare. — Plusieurs trains par heure, 150 trains par jour.

Entrée de l'institution 1, rue d'Ermont.

Lundi, Mardi et Samedi de 1 h. à 4 h. et les autres jours sur rendez-vous.
——— **On ne reçoit pas le Dimanche.** ———

TÉLÉPHONE : EAUBONNE 23.

LE RETOUR A PARIS

Il n'est pas de malade qui ne marque, à la fin de la saison d'Enghien, quelque regret de quitter cette station délicieuse. Beaucoup ont été guéris, tous ont vu leur état général s'améliorer, et ceux-là mêmes qui, au début de leur séjour devaient vivre un peu en reclus, se priver des distractions du Casino, des promenades et du lac, à mesure que les souffrances disparaissaient et que la santé revenait, se sont pris d'un goût vif pour ce coin de terre aimable où les sites riants abondent, où les buts d'excursion sont innombrables.

Mais voici que l'automne s'avance, les arbres autour du lac gardent leur parure verte, mais partout, dans les bois environnants, les feuilles se souillent et tombent. Le soleil, certains jours, donnerait l'illusion que l'été n'est point achevé, si le vent n'était déjà froid, si, au matin, des nuées ne s'attardaient au creux des vallons. Il faut partir. Beaucoup ne quittent ces rives heureuses que pour un temps, en leur disant au revoir, ceux-là surtout chez qui le traitement thermal a ramené un retour à la santé, redonné le goût de la vie et de ses joies après les inquiétudes et les douleurs de la maladie. C'est le cas d'un grand nombre. Tous au moins ont obtenu de ce traitement et d'un séjour au grand air d'heureux effets. Ils sentent qu'une saison nouvelle suffira presque toujours à achever la guérison. Mais, dans tous les cas, guéris ou demi-guéris doivent entre les deux saisons s'astreindre à une bonne hygiène. Vous êtes guéri, votre état est amélioré, cela est assuré; mais votre organisme a subi une atteinte, il demeure en état de moindre résistance, soyez prudents. Et d'abord vous n'ignorez pas que les Eaux d'Enghien sont éminemment transportables et gardent mieux que celles des autres sources sulfureuses leurs propriétés thérapeutiques. N'hésitez pas à en faire usage. Une simple cure à domicile est insuffisante dans tous les cas sérieux, mais demeure particulièrement active chez ceux qui ont, grâce à une cure faite à la station même, obtenu déjà d'heureux effets de l'emploi des eaux.

En dehors de cette cure ne négligez aucun soin d'hygiène. Aération, marche, alimentation doivent être surveillées avec le soin le plus exact. N'abusez pas de vos forces avec cette imprévoyance qu'ont presque toujours ceux qu'un prompt retour à la santé rend plus assoiffés de tous les plaisirs dont ils furent un temps sevrés.

LA SAISON TERMINÉE

Voilà votre saison terminée, ami lecteur. Après trois semaines de bains, de humages et de gargarismes, vous
allez dire à Enghien et à ses Thermes un adieu recon-
naissant. Il s'agit maintenant de garder le bénéfice de
votre cure et de protéger contre les accidents votre santé
reconquise.

C'est à quoi beaucoup de baigneurs ne songent
guère. Satisfaits de s'être soignés trois semaines, ils
trouvent ce grand effort suffisant, cessent toute
médication et s'empressent de retomber dans les erreurs
de régime et d'hygiène qui les ont rendus tributaires
d'Enghien. N'imitez pas ces imprudents. Dites-vous
au contraire que la *post-cure*, comme on dit en Allemagne,
est presque aussi importante que la cure.

Votre premier soin doit être d'observer scrupuleu-
sement l'hygiène qui vous a été enseignée pendant la
saison, de maintenir votre entraînement physique et
votre acclimatement.

Appliquez-vous ensuite à ne pas dévier du régime qui
convient à votre tempérament. Modérez votre appétit.
Mangez peu de viande. Evitez les aliments de haut goût,
les conserves, les salaisons, les poissons de mer, les crusta-
cés : tous ces mets riches en toxines ont le fâcheux effet
d'irriter la peau et les muqueuses, de provoquer la for-
mation et la rétention de l'acide urique dans l'organisme ; ils doivent être écartés. Réduisez aussi au minimum l'usage des boissons fermentées ou excitantes et
proscrivez tout à fait le tabac et les liqueurs.

Mais tout cela ne suffit pas.

Il faut trouver le moyen de prolonger, d'entretenir les
effets bienfaisants de la médication thermale sulfureuse.

Ici les indications varient selon l'affection qui vous a amené à Enghien. N'oubliez pas qu'en dehors des eaux sulfureuses naturelles, seuls sont efficaces les médicaments à base de *soufre naissant* préparés en vases clos par la voie humide selon les indications du Dr Fayès et conservés à l'abri de l'air. Le soufre ordinaire est à peu près inerte.

Si vous souffrez d'un *catarrhe* des voies *respiratoires supérieures,* d'une *rhino-pharyngite* chronique, vous répéterez chaque mois, pendant dix ou quinze jours, les gargarismes d'eau d'Enghien. En outre vous aurez soin de faire chaque soir dans vos narines une onction avec le *Sulfo-Rhinol* Fayès. Vous maintiendrez ainsi la perméabilité des fosses nasales et l'asepsie au moins relative de la muqueuse et vous éviterez les infections surajoutées grippales ou autres qui entretiennent le catarrhe.

Le *Sulfo-Rhinol,* en effet, baume nasal à base de soufre naissant, assure merveilleusement l'antisepsie du nez, de la gorge, des bronches et des poumons ; il empêche l'enchifrènement nasal, assouplit et décongestionne la muqueuse du *rhino-pharynx,* fixe les poussières organiques ou minérales apportées par l'air inspiré et stérilise promptement ces germes, même les plus virulents. C'est donc un moyen sûr de se préserver contre ces inflammations si fréquentes et si faciles des muqueuses du nez et qui vous font perdre vite l'amélioration obtenue, bien difficilement quelquefois, par toute une saison thermale.

L'action du *Sulfo-Rhinol* repose sur ce principe que le soufre naissant, préparé par le procédé spécial du Dr Fayès, possède la propriété de produire, au contact du mucus nasal, des vapeurs sulfureuses analogues à celles qui donnent aux eaux d'Enghien et des autres stations thermales sulfureuses leur activité si bienfaisante. Ces vapeurs sulfureuses, tout à fait inoffensives, sont puissamment antiseptiques et aucun germe ne résiste à leur action microbicide : que ce soit le staphylocoque ou le streptocoque, le pneumocoque ou le bacille de Koch, la présence du soufre naissant dans les narines les détruit tous. C'est pourquoi il est journellement prescrit par les médecins pour *guérir* les *rhinites*, le *coryza chronique*, les *végétations adénoïdes* et les *amygdalites*. Son action est tout aussi remarquable pour *préserver* de la *grippe*, des *angines*, de la *tuberculose* et de la *méningite cérébro-spinale*, dont les germes se développent d'abord dans les profondeurs du *rhino-pharynx* avant de gagner le poumon ou le cerveau. Le sulfo-rhinol est présenté dans un tube d'*étain* qui en rend la conservation indéfinie.

Si c'est une *laryngo-bronchite* que vous soignez, vous devrez joindre aux moyens précédents l'usage des *Pastilles Fayès* à la *sulfocaïne*. Trois à quatre fois par jour, quand un chatouillement du gosier, précurseur de la toux, se fait sentir, mettez dans la bouche une de ces pastilles et laissez-la fondre doucement ; neuf fois sur dix, vous éviterez la quinte et, de plus, l'action détersive de la véritable potion sèche constituée par la *Pastille de sulfocaïne* améliorera peu à peu l'état de ces muqueuses, en calmant l'inflammation et en favorisant la réparation de l'épithélium.

Si vous souffrez d'une *affection cutanée*, d'un *eczéma* sec par exemple, il faut être bien réservé dans l'emploi des topiques. L'eau sulfureuse naturelle en bains ou en compresses dépasse souvent le but et détermine une congestion trop vive ; en revanche, la *Salbine Fayès*, vaseline à l'oxyde de zinc additionné d'une faible quantité de soufre naissant, produit en général les meilleurs effets. Il suffit d'en appliquer une onction légère, que l'on essuie immédiatement et qu'on renouvelle tous les jours ou tous les deux jours, pour guérir les plus tenaces des *eczémas* et en empêcher le retour; dans certains *intertrigos* et dans l'*érythrasma* des plis de l'aine, la *Salbine* n'est pas moins efficace.

Enfin si vous êtes un simple *rhumatisant* et si votre cure d'Enghien a eu surtout pour but de modifier une dyscrasie arthritique, vous aurez recours à une médication plus générale ; vous opérerez la désinfection de l'intestin et du foie en prenant chaque matin une cuillerée à café de *Sulfo-Mel Fayès* ou chaque soir une *pilule sul-fureuse à l'Intybine*. Ces deux préparations ont la pro-priété d'empêcher toutes les fermentations anormales du tube digestif et de détruire toutes les végétations microbiennes de l'intestin, cause première des grandes intoxications qui se manifestent principalement par la *goutte*, le *rhumatisme*, le *diabète*, l'*artériosclérose*, etc. D'autre part vous prendrez périodiquement une série de *bains tièdes* à la *Sulfamidine* qui possède toutes les propriétés du bain sulfureux ou de Barèges ordinaire sans en avoir les inconvénients.

La *Sulfamidine* du Dr Fayès est en poudre et se dissout facilement dans l'eau ; elle n'a aucune odeur désagréable et ne noircit pas les baignoires ni les objets métalliques. Son action sur la peau est lénifiante en même temps que résolutive. Ces avantages ont fait substituer par les médecins la *Sulfamidine* aux préparations commerciales pour bains sulfureux, et c'est elle que l'on préfère pour les bains sulfureux pris dans les appartements.

De plus, il sera nécessaire de poudrer le corps d'un léger nuage de *Poudre Antiphyte* au soufre naissant. En effet, une des propriétés les plus anciennement connues du soufre est son action préservatrice contre les douleurs rhumatismales et goutteuses.

L'action parasiticide du soufre détruit tous les microbes répandus sur la peau et dont la pénétration développe l'état dyscrasique. Il constitue de plus un révulsif très doux qui active la circulation et la nutri-tion. En saupoudrant la peau des régions douloureuses matin et soir, pendant deux ou trois semaines, d'un nuage de poudre Antiphyte du Dr Fayès, on guérit les douleurs les plus invétérées du rhumatisme, de la goutte, de la sciatique et des névralgies.

Comme désinfectant, la *Poudre Antiphyte* n'est pas moins remarquable : elle fait disparaître les sueurs fétides et les fermentations cutanées si fréquentes chez les vieillards immobilisés au lit et chez les personnes atteintes d'intertrigo, d'eczéma ou d'incontinence d'urine.

Les soins de la *bouche* et des *dents* sont également d'une importance capitale, et tout le monde sait aujourd'hui que la carie dentaire et les suppurations alvéolaires sont fréquemment le point de départ des infections gastro-intestinales. Aussi est-il de la plus grande importance d'employer un dentifrice qui, à la finesse du parfum, joigne la propriété de détruire tous les germes de suppuration *alvéolo-dentaire*. L'*Éburnol* du Dr Fayès, pâte dentifrice à base de soufre naissant, répond à ces indications : c'est le dentifrice le plus agréable, il blanchit les dents, parfume l'haleine, empêche la carie et les abcès dentaires. Il est vendu en tubes d'étain et se conserve indéfiniment.

La Maison des Produits Sulfureux Hygiéniques du Dr Fayès, 3, rue du Quatre-Septembre, Paris, a voulu également offrir à sa nombreuse clientèle des Produits de Beauté vraiment bienfaisants d'où sont exclus toutes les préparations de plomb, de bismuth et autres produits nuisibles qui malheureusement font la base de trop de Crèmes et Poudres.

La *Crème Maïaline* et la *Poudre de Riz Maïaline* constituent les meilleurs Produits pour les soins et l'hygiène du visage et des mains. Le *Savon Stromboli*, la *Lotion Capillaire Hygiénique* et la *Chrysoprase*, tous à base de soufre naissant sont le complément indispensable du traitement sulfureux auquel les arthritiques sont obligés d'avoir recours.

D^r DE MIREBEL.

SELF=PHOTO

:: et STÉRÉO=MONDAIN ::

(Brevets et procédés Chasseraux)

L'Instantané d'**Intérieur** et l'Eclairage artificiel
à la Portée de Tous.

ON OPÈRE SUR SOI=MÊME

et son entourage à toute heure et partout.

SALON DE DÉMONSTRATIONS :

62, RUE LAFAYETTE, 62 :: PARIS

Le SELF=PHOTO ! Qu'est=ce ?

Telle est la question que chacun se pose et nous pose.

Le **Self-Photo** est une nouvelle et merveilleuse application de la photographie et de la stéréoscopie à l'usage de tout amateur, pour inexpérimenté soit-il.

Avec le **Self-Photo** vous vous procurez cette satisfaction inconnue jusqu'ici de reconstituer vous-même les coins favoris et les plus intimes où s'écoulent vos jours paisibles, gais ou agités — sans danger, sans fumée, sans ratés — il est à la portée d'un enfant de huit ans.

Avec le **Self-Photo,** finies les difficultés de l'éclair pour lequel il fallait préalablement faire l'obscurité dans la pièce pour ne recueillir que des têtes blafardes et des visages empreints de l'appréhension motivée par l'éclair venant vous surprendre en pleines ténèbres.

Le **Self-Photo** ne rappelle en rien ces petites nuits d'orage en chambre (rien à éteindre, rien à changer).

Certains, avant d'en user, nous disent : Mais Monsieur, je possède un merveilleux 13×18 ou 9×12 de grande marque avec lequel je viens de faire de la Côte d'Azur ou du Mont St-Michel, des vues magnifiques, etc.

Et nous de répondre : Le complet de coupe impeccable que vous y avez arboré vous a-t-il empêché d'avoir une confortable robe de chambre ? La bottine vernie exclut-elle la sandale ? Et vous, Madame, le plus délicieux tailleur que vous exhibiez à Auteuil, vous fait-il juger inutile vos coquets et savants déshabillés ? Votre auto remplace-t-elle la chaise longue ou votre bergère favorite ? Non sans doute, et si l'intérieur en photo a jusqu'ici cédé le pas à l'extérieur vu les difficultés d'opération, le **Self-Photo** vous dira aujourd'hui que, si la rue a son mérite, l'intérieur animé, le *Chez-soi*, le Home a bien sa valeur.

En résumé, le **Self-Photo** s'adresse à tous ceux qui ont en eux la Religion du Souvenir, caractéristique des âmes bien nées.

LES ÉLÉGANCES
DU TEMPS JADIS

Certes, le beau siècle est passé, le siècle aux nobles attitudes, aux gestes dignes, aux vêtements somptueux et lourds, et toutes ces grâces surannées, mièvres un peu, mais grandioses, qui s'harmonisaient à ravir avec les ors, les dentelles, les mots badins soufflés à l'oreille et les rires désenchantés ! Notre siècle trop pratique rend difficile l'essor de l'élégance masculine et puissante doit être la volonté des grands tailleurs qui ont résolu de livrer combat aux tendances anglo-américaines qui nous engoncent et nous alourdissent.

Jadis, on disait les « petits maîtres », les « incroyables », les « dandys » ; aujourd'hui, que peut-on dire ?

Où sont les Richelieu les Grammont, les d'Orsay, les Beauvoir, les Houssaye, les Daru ! Où sont toutes ces extravagances et toutes ces corrections, tous ces précieux bourreaux des cœurs qui savaient faire une toilette plus persuasive qu'un poème ! Mais où sont le neiges du temps passé ? Où est-il ce Byron à l'air fatal, à la toilette farouche et séductrice ? Et Barbey d'Aurevilly au manteau doublé de soie rouge, au chapeau bordé de velours cramoisi, si digne dans son extravagance ? Et Théophile Gauthier précédé, annoncé, pourrait-on dire, par ses inénarrables gilets ? Mais où est Sir Georges Bryan Brümmel ! Un génie, celui-là, un héros hors de pair et comme tous les génies, d'extraction modeste. Loin de moi la pensée de mésestimer une corporation qui fait les délices de notre estomac : Brümmel était fils de confiseur, mais son intelligence affinée devait le conduire aux plus hauts destins que put souhaiter un homme par la voie la moins fatigante et la plus curieuse.

Mis en pension à Eton, où fréquentaient les héritiers de la plus haute aristocratie, Brümmel se signala dès l'abord par son apparence dédaigneuse, froide, son mutisme calculé et méprisant, sa mine hautaine. Faut-il le dire. Il n'en fallut pas davantage pour lancer son nom ; et notre jeune héros mit le comble à sa gloire par l'invention d'une boucle de souliers. J'avoue que l'invention était petite, mais l'art considère-t-il les dimensions des choses ? Un chef-d'œuvre tiendra dans une miniature aussi bien que dans une toile gigantesque et cette boucle de souliers était, paraît-il, un poème, un poème épique, une révélation !

A partir de ce jour Brümmel put étudier à loisir l'art de se présenter et d'influencer un public féminin ; les hommes eux-mêmes durent convenir de sa rare supériorité. Le roi Georges IV séduit par cette élégance suprême voulut s'attacher Brümmel et le nomma cornette de son régiment de hussards ; fatal honneur, car le dandy, en dehors de l'élégance, professait le plus profond mépris (un mépris purement passif) pour l'armée. Aussi, pour reconnaître sa compagnie dut-il recourir au subterfuge suivant : un hussard, gros buveur, arborait un nez colossal auquel Brummel s'attacha avec la fidélité du caniche ; sûr de ne pas errer, il découvrait sans faute la place qui lui était assignée ; mais un jour, l'homme au nez changea de compagnie, et Brümmel se trompa.

Dégoûté de la carrière des armes, il se lança plus que jamais dans l'élégance ; il se voua à la confection de ces étourdissantes cravates devant lesquelles se pâmèrent Mme de Staël et Musset, et qui provoquaient chez Biron des frémissements d'admiration et d'envie ; et bien que le génie ne consacrât que deux heures à sa toilette, il vouait une bonne part de sa journée à la confection d'une cravate, affirmant qu'un homme bien mis ne doit pas être remarqué et que le linge l'emporte sur les parfums. Brümmel était impeccable mais point du tout extravagant, strict mais hautain, ironique, persifleur, grossier parfois, se départissant souvent, dans ses paroles, d'une correction qu'il observait dans ses vêtements.

Néanmoins, sa fin, ses fourches caudines étaient proches : Brümmel énivré de vanité osa s'oublier jusqu'à insulter à la majesté royale. Ce furent les gémonies, ce fut l'effondrement définitif, le mépris public, l'exil, et cette réputation échafaudée sur des apparences dont il avait su jouer en homme supérieur, s'écroula avec l'instantanéité propre aux châteaux de cartes dont Brümmel avait été l'Hector adulé. Seul, à Caen, dans une morne chambre d'hôtel, il termina dans la misère une existence incroyablement brillante, laissant après lui des souvenirs, des regrets, des imitateurs peut-être, mais non point des maîtres.

Il eut la destinée de ces étoiles, de ces bolides surprenants et inconnus dont parle La Bruyère, qui ne se rattachent à aucune, parenté illustre et s'évanouissent et meurent sans laisser un seul descendant.

LÉO DE LEPIERRE.
de la maison Gypps.

TABLE DES MATIÈRES

TABLE DES GRAVURES

TABLE DES ANNONCES

4530-13. CORBEIL. — Imprimerie CRÉTÉ.

ROBES

MANTEAUX

CAUET
6 RUE DE SÈZE

LINGERIE

FOURRURES

Adresse Télégraphique CAUET-AUG - PARIS

Téléphone 321-40

www.ingramcontent.com/pod-product-compliance
Lightning Source LLC
Chambersburg PA
CBHW072355200326
41519CB00015B/3767